Vida de São José de Anchieta

O Apóstolo do Brasil

WAGNER AUGUSTO PORTUGAL

Vida de São José de Anchieta

O Apóstolo do Brasil

Edição revista e atualizada

EDITORA
SANTUÁRIO

Direção editorial: Pe. Fábio Evaristo R. Silva, C.Ss.R.
Coordenação editorial: Ana Lúcia de Castro Leite
Copidesque: Luana Galvão
Revisão: Ana Lúcia de Castro Leite
Diagramação e Capa: Mauricio Pereira

Nihil obstat - Pe. Johan Konings, SJ
Diretor da Faculdade de Teologia do Centro de Estudos Superiores
da Companhia de Jesus, em Belo Horizonte, MG.

Imprimatur
Dom Serafim Fernandes de Araujo
Arcebispo Metropolitano de Belo Horizonte
Belo Horizonte, 1997.

**Dados Internacionais de Catalogação na Publicação (CIP)
(Câmara Brasileira do Livro, SP, Brasil)**

Portugal, Wagner Augusto
  Vida de São José de Anchieta: o Apóstolo do Brasil/ Wagner Augusto Portugal. – Aparecida, SP: Editora Santuário, 2001. (3ª impressão, revista e atualizada)

  ISBN 85-7200-742-3
  1. Anchieta, José de, 1531-1597 2. Jesuítas – Brasil I. Título.
01-2157   CDD 922.2

Índices para catálogo sistemático:
  1. Sacerdotes católicos: Biografia 922.2
3ª impressão

Todos os direitos reservados à **EDITORA SANTUÁRIO** – 2017

Rua Pe. Claro Monteiro, 342 – 12570-000 – Aparecida-SP
Tel: 12 3104-2000 – Televendas: 0800 - 16 00 04
www.editorasantuario.com.br
vendas@editorasantuario.com.br

Veritas nunquam perit
(Sêneca, Troades, acto III)
(A verdade nunca perece)

Dedico este modesto trabalho ao Exmo. e Revmo. Sr. *Dom Antônio Afonso de Miranda, SDN*, Bispo Emérito de Taubaté, SP, pela passagem de seus 80 anos de abençoada existência.

As Igrejas Particulares de Lorena, SP, da Campanha, MG, e de Taubaté, SP, muito devem a este *Pastor* dedicado e culto, responsável pela santificação de muitas almas e pela instalação de sua congregação, os Missionários Sacramentinos de Nossa Senhora, da qual foi o primeiro superior-geral após o desaparecimento do fundador, Pe. Júlio Maria de Lombarde.

Homenagens

À *Companhia de Jesus*, sodalício eclesiástico, que catequizou este imenso país e continua sendo protagonista de uma Evangelização Renovada, comprometida com a construção de uma sociedade menos excludente e mais cristã.

In memorian

A *Dom José Costa Campos*, antigo Bispo de Divinópolis, o grande artífice da Catequese Renovada do Brasil pós-conciliar.

Apresentação

Qualquer compêndio de história, que trata dos primórdios de nosso país, obrigatoriamente, faz menção de Anchieta, considerado o "Apóstolo do Brasil". Figura ímpar da Primeira Evangelização.

As razões, que nos movem olhar para o passado, não são nenhum saudosismo de antigas cristandades, mas a convicção de que a história continua sendo, na expressão de Cícero, "Mestra da Vida". Esquecer a própria história é alimentar a alienação, é perder a consciência nacional, é tentar descobrir muitas vezes o já descoberto.

Acresce ainda uma razão extrínseca para nosso interesse por Anchieta. Celebrou-se em 1997 o quinto centenário de seu nascimento. Essa data simbólica torna-se ocasião, não causa, para despertar-nos a consciência de compulsar nossas fontes históricas.

O presente livro, sem pretensões maiores, entende-se como uma contribuição para ampliar o conhecimento de Anchieta, muitas vezes restrito a poucas páginas dos livros de história. Este opúsculo, sem dúvida, ampliará para a maioria dos leitores seus conhecimentos sobre esta figura de Anchieta, sobretudo em um campo hoje tão necessitado de estímulo: a atividade intelectual.

Anchieta nos envergonha quando nos comparamos com ele. Dispomos hoje de tantos recursos e condições para uma formação intelectual e cultural muito superior e vemos como aquele homem, nas condições mais primitivas de antanho, conseguiu deixar uma obra literária invejável. Versejou em latim com a acribia de um aluno das grandes universidades europeias do tempo, legando-nos o maravilhoso Poema da Virgem, magistralmente traduzido em português pelo Pe. Armando Cardoso, SJ.

Só posso esperar que a leitura deste livro anime, sobretudo, nossa juventude a reencontrar valores profundos de nossa tradição e cultura, ameaçados por uma cultura de massa superficial e homogeneizante. Anchieta está aí a ensinar-nos que não há nenhuma condição material que possa impedir uma vontade decidida de formar-se com amplitude cultural.

J. B. Libânio, SJ

1

Anchieta – sua história e sua personalidade

A história do Brasil entrelaça-se intimamente com a história da Companhia de Jesus. Quando os jesuítas aportaram no Brasil, havia nove anos da ereção dos filhos de Inácio de Loyola. Falar no Brasil dos primórdios, sem levar em conta o apostolado jesuítico, não é fazer jus aos arautos da evangelização tupiniquim.

Anchieta embarcou em Lisboa rumo ao Brasil, em 8 de maio de 1553, na frota do governador Dom Duarte da Costa, ainda como escolástico, ou seja, seminarista dos dias hodiernos.

Proveniente das Ilhas Canárias, sua vinda para a terra de Santa Cruz estava ligada à necessidade de um clima melhor, esperando curar-se e poder trabalhar na boa terra que diziam saudável. Contava então dezenove anos de idade.

A chegada à cidade de São Salvador, na Bahia, deu-se em 13 de julho. Salvador havia sido fundada há quatro anos e era ainda uma aldeia, carecedora de muitas melhorias.

A emoção do apóstolo pululava em seus olhos ao pisar o novo campo de missão. Ao avistar-se com os moradores e os índios das redondezas, não escondeu sua alegria com a tarefa evangelizadora que o esperava.

Não nos preocupamos em falar em demasia sobre o *Anchieta histórico*, porque este mister já foi magnamente explorado por seus biógrafos e renomados historiadores pátrios e estrangeiros. Passemos a analisar a *personalidade* anchietana.

José de Anchieta foi um homem iluminado. Em tudo anteviu o Concílio Vaticano II.

Foi um homem de profunda experiência de Deus, um apóstolo da *oração*. É impossível prever tantos anos de trabalhos contínuos e incomodidades várias se nosso santo não estivesse em perfeita ascese com Nosso Senhor Jesus Cristo. A noite era seu momento especial de contemplação, de perfeita harmonia com o Cristo Eucarístico. A oração foi sua mais fiel companheira.

A *devoção* de Anchieta para com a bem-aventurada Virgem Maria fez dele um sacerdote carismático. Foi por meio de Maria, e é por ela que se chega ao Pai, que de sua pena saíram as mais belas palavras no notável poema da bem-aventurada Virgem Maria, Mãe de Deus. Isso vem comprovar que Maria ocupou notável importância em seu apostolado.

Homem da *caridade*, José sempre esteve solícito em socorrer aqueles que necessitassem de seu patrocínio. Era comum pelas noites acorrer ao encontro de enfermos que precisassem de ajuda.

Pai da *mansidão,* nunca o viram agastado com ninguém. Compassivo nas tribulações, nunca soube querer mal a ninguém.

Filho da *confiança em Deus,* sua fé era inabalável. Nas mãos do Senhor colocou sua vida e seu ministério apostólico. E assim nos perigos, por maiores que fossem, nunca se desinquietava, sempre se mantendo sereno e em paz.

Como bom jesuíta, era *obediente*. Neste mister foi espelho de todos por ser muito pontual. Para com os irmãos que cultivavam a obediência tinha particular amor e profundo respeito.

Humildade e desprendimento de si mesmo eram virtudes constantes de sua personalidade, aliada à *pobreza evangélica*. Andava pobremente vestido; nunca possuiu nada. O mais pobre breviário e o chapéu eram seu patrimônio.

Formulando voto de *castidade* quando entrou na Catedral de Coimbra, Portugal, diante da imagem da Santíssima Virgem, fê-lo por toda a vida. Foi esse voto que marcou sua vida religiosa, e foi com a ajuda de Nossa Senhora que, brilhantemente, culminou seu amor a Cristo pela castidade.

Mortificou ao máximo suas paixões e foi um retrato vivo de *paciência*. Sofria suas dores e moléstias com grandíssima quietação e paz, sem ser molesto a ninguém.

Anchieta cultivou essas virtudes que por certo devem nos dias de hoje, passados mais de quatrocentos anos, servir de exemplo para nós cristãos, que procuramos atingir a perfeição no seguimento de Cristo.

2

O missionário

Vocacionado para a missão, ao aportar no Brasil, não mediu esforços para pôr a evangelização em prática.

Primeiramente seu campo de missão foi *Piratininga*, na capitania de São Vicente, onde chegou para as festas de Natal.

Inculturou-se aos nativos, compondo a Gramática e o Vocabulário inicial do Catecismo e as Instruções para uso dos catequistas, na língua geral.

Catequista e enfermeiro devotado, era intérprete dos presbíteros que não sabiam a língua indígena.

Foi o pai dos pobres, o taumaturgo dos doentes, o consolador de todas as aflições, o homem delicado e insinuante, que unia os discordes, o conselheiro dos governantes e, principalmente, o amigo e defensor dos índios.

Como missionário evangelizou a todos. Os colonos viviam uma vida desregrada, imperando a imoralidade por toda a parte em virtude de terem vindo para o Brasil sem família.

Os indígenas mereceram especial atenção do apóstolo. Em vez de catequizá-los usando a língua oficial, aprendeu a língua nativa para uma verdadeira *inculturação* e para dar testemunho de que a fé pode e deve ser vivida em cada particularidade cultural, respeitando as crenças e a tradição de cada povo ou nacionalidade.

Anchieta foi o homem de seu tempo, um evangelizador na verdadeira acepção evangélica. Seu apostolado missionário foi o grande responsável pela manutenção da unidade nacional, pelo ideal da fé católica, que fulgurou nos corações dos convertidos.

3
Anchieta e São Paulo

Anchieta foi mandado para Piratininga – hoje a megalópole de São Paulo – com a finalidade de fundar um colégio diferente dos existentes na época. Esse colégio era destinado à formação de futuros sacerdotes com o ensino de latim e, concomitantemente, à instrução dos filhos dos colonizadores e dos nativos, iniciando-os principalmente na propagação da fé católica. O mestre da nova empresa seria o Irmão José de Anchieta, por ser grande humanista. O superior da casa era o reverendo padre Manuel de Paiva.

O colégio foi inaugurado na manhã do dia 25 de janeiro de 1554, com a celebração da missa pelo Superior Pe. Paiva, na solenidade da conversão do Apóstolo dos Gentios.

A alimentação na época era diversa e difícil. Era comum os alunos se dispersarem para o interior na busca de suprimentos necessários ao colégio. Tudo isso – a tribulação da primeira hora – para que se sedimentasse a obra como dom de Deus.

Ao redor do Colégio, foram aglutinando-se famílias de portugueses, dando formação à aldeia, já com uma igreja para a prática do culto.

Com a formação dos escolásticos, o apóstolo preocupou-se com a instrução dos nativos. Aproveitando as aulas de teologia, que lhe eram ministradas pelo Pe. Luís da Grã, escreveu três opúsculos, visando preparar os indígenas para o batismo, a confissão e a hora da morte.

1. Primórdios

No colégio, vivia-se pobremente. A alimentação era a mandioca ou "farinha de pau".

São Paulo foi elevada à categoria de vila, em lugar de Santo André, tendo em vista que no colégio os portugueses estariam mais seguros contra os contínuos ataques dos índios tamoios, aliados dos franceses.

Para que a elevação fosse conseguida, seguindo determinação superior, nosso santo escreveu belo poema a *Mem de Sá (De Gestis Mendi de Sáa)*, em homenagem ao governador, agradecendo-lhe a transferência da vila.

Com a rapidez e a destreza, que lhe eram peculiares, escreveu esses três mil versos em honra de Cristo Rei, contra cujas ordens militava o Grande Governador, para a propagação da fé e a dilatação do Evangelho.

São Paulo crescia a olhos vistos com a aderência de novos colonos. Mesmo nas adversidades, tendo o campanário da fé como baluarte, serviu-lhe de defesa a intrepidez do patriarca, que contou com a bravura dos nativos liderados por *Tibiriçá*.

2. Vínculo de unidade

Os portugueses estavam sendo hostilizados pelos índios tamoios, que eram aliados dos franceses, tornando impossível a vida dos colonos. Eram comuns as emboscadas e os aprisionamentos, seguidos das festas de orgia que matavam e comiam os colonizadores.

A paz era urgente!!!

Nóbrega e Anchieta dispuseram-se a estar com os indígenas para consegui-la. Tratava-se da Confederação dos Tamoios.

No lugar hoje denominado Ubatuba, na companhia dos Tamoios, permaneceram por muito tempo, ou seja, de maio a setembro de 1563.

Nóbrega retornou a São Vicente para estar com os governantes, levando as reivindicações indígenas.

Anchieta ficou como refém. Não lhe faltaram dificuldades morais. As índias tentavam a toda hora sua castidade, que era para todos os selvagens um mistério.

Para defender-se, José, na virilidade de seus 29 anos, persuadido de sua fraqueza, se o auxílio de Deus não o protegesse, fez voto à Ssma. Virgem de escrever-lhe a vida em verso, certo de que ela o conservaria isento de toda a mancha do corpo e da alma.

Ao cumprir seu voto, de início, compunha os versos mentalmente e os memorizava.

Após sua libertação, sendo conduzido pelo índio Cunhambebe, após o acordo de paz, já em São Vicente, no ano de 1564, compôs o poema da *Virgem (De beata Virgine dei Matre Maria)*.

Por sua fidelidade à castidade, por seu amor à Igreja, foi vínculo de unidade nacional, levando os tamoios aos campos da paz para a sedimentação da Terra de Santa Cruz.

4

Devoção mariana

Com a Confederação dos Tamoios, quando consolidou a paz pelo seu testemunho de oração e confiança inabalável em Deus, providencialmente, Irmão José compôs mais de 5.700 versos em honra da bem-aventurada Virgem Maria. Trata-se de *De beata Virgem dei Matre Maria*, outrora chamado *Vida da Senhora*, hoje conhecido como *Poema da Virgem*, verdadeira exaltação da consagrada virgindade, discorrendo sobre a vida da Mãe de Deus, Rainha da Igreja e nossa Mãe.

Citamos, para o deleite do leitor, o poema intitulado *A Imaculada*:

> Concebida em seio materno, como todos nós,
> só tu, ó Virgem, foste livre do labéu,
> que mancha os outros todos,
> e esmagas ao calcanhar
> a cabeça do enroscado dragão,
> retendo sob as plantas sua fronte humilhada.
> Toda bela de alvura e luz
> não houve sombra em ti, doce noiva de Deus!

Jamais se estampou em teu peito a mancha
do crime:
nódoa alguma, por mínima que fosse,
empanou jamais tua beleza.
Ô formosura sem par,
nimbada pelo brilho das virtudes,
puderas ofuscar toda a beleza angélica!
A tua imagem bela
grava, ó Virgem Imaculada, em nosso peito,
e que essa formosura ao meu olhar seduza!
Foi esta imagem o enlevo dos profetas
que te decantaram nos seus versos.
Designaram-te sob variados símbolos,
suspirando longamente
por que teu Filho lhes trouxesse a salvação.
Oh! Quanto desejaram, graciosa Virgem,
contemplar os teus olhos
no esplendor do firmamento rutilante!
Quanto quiseram, a teus pés,
sorver a inspiração,
a suave melodia que jorrava de teus lábios!

Somente essa singela, mas profunda demonstração mariana, vem mostrar a solidez da formação ascética do beato do Brasil e a beleza de sua alma.

5
Anchieta e o Rio de Janeiro

No mês de maio de 1565, participando no Rio de Janeiro da guerra contra os franceses e os tamoios, Anchieta sustentaria o ânimo instável dos índios que se juntaram aos colonos no conflito.

E assim assistiu à fundação de São Sebastião do Rio de Janeiro, junto do Pão de Açúcar, tendo participado ativamente de todos os momentos de dúvidas, esperanças e vitórias ao lado de Estácio de Sá.

6

O sacerdócio

Partiu nosso santo para a Bahia com a finalidade de pedir socorros para a empresa de Estácio de Sá em São Sebastião do Rio de Janeiro e preparar-se para o sacerdócio.

1. Estudos

Padre Nóbrega notificou ao Irmão José que era chegado o momento de receber a ordenação presbiteral.

Até agora, com idade de 32 anos, Anchieta havia-se sacrificado pelo Brasil.

Colocou-se então à disposição do padre Quirino Caxa para a complementação da teologia iniciada em Piratininga pelas preleções do padre Luís da Grã.

Compulsou os livros necessários e com muita facilidade recopilou *Soto de Institia et Iure* e os dois tomos *De Sacramentis*.

Anotou, com brilhantismo, as refutações das objeções dos hereges de seu tempo como Lutero, Calvino, Melanton e Brencio.

Estudou com afinco as obras dos Santos Padres Antigos, que formavam a tradição da Igreja.

Foi um período duro, de ano e meio dedicado à teologia moral.

A base literária de Coimbra, que incluía a filosofia, bem como sua inclinação natural para o estudo e a convivência com as duas maiores capacidades de então: Nóbrega, jurista, e Luís da Grã, teólogo moralista, comprova a fina formação filosófica, teológica e humanística do Irmão José de Anchieta.

2. Ordenação presbiteral

O Irmão José recebeu as ordens menores e as de subdiácono e diácono, provavelmente nas têmporas de junho.

O sacerdócio foi-lhe conferido em agosto de 1566 pela imposição das mãos de Dom Pedro Leitão, segundo bispo do Brasil, seu contemporâneo de estudos em Coimbra.

E foi o próprio bispo que deu testemunho sobre Anchieta, enaltecendo seus odores de santidade desde os tempos de Coimbra, onde era o melhor aluno de humanidades.

Por isso mesmo, chegou certa feita a afirmar: "A Companhia de Jesus no Brasil é um anel e sua pedra preciosa é o padre José".

3. *O padre da Eucaristia*

Depois de ordenado, padre Anchieta celebrava a Eucaristia como o ato mais importante de sua vida sacerdotal.

Sua devoção ao Ss. Sacramento demonstra-se por tudo o que escreveu sobre este mistério.

Uma amostra dessa devoção encontra-se no poema *Divino Pão:*

> A celeste bebida, a divina iguaria,
> embora réus, o altar dá-nos cada dia.
> Este é o trigo, sim, que sem cúpido anseio
> a Virgem Mãe gerou em ilibado seio.
> Feito filho real da castíssima Mãe,
> continua a ser Deus com seu eterno Pai.
> Sofreu da cruz atroz o terrível tormento,
> para a morte quebrar seu aguilhão violento.
> Ele cumprira já a Paterna vontade
> e ia sofrer na cruz a suma crueldade:
> Seus amigos largando, aos quais sempre
> ele amara
> e as queridas feições de sua mãe tão cara:
> Deixou-se então à mãe e a seus
> bons companheiros,
> para os nutrir até seus dias derradeiros.

7

Padre provincial do Brasil

Após sua ordenação, o neossacerdote José de Anchieta retornou ao sul do Brasil na expedição implantada por Mem de Sá, para socorrer seu sobrinho Estácio de Sá na expulsão dos franceses, em definitivo, de São Sebastião do Rio de Janeiro. Nessa viagem, encontraram-se o Provincial, padre Inácio de Grã, e o novo Visitador dos jesuítas no Brasil, padre Inácio de Azevedo. O visitador veio conhecer de perto nosso padre e o julgou apto à profissão solene naquela época conferida, com certo rigor, somente a homens providos em letras e virtudes no seio da Companhia de Jesus.

Passado algum tempo, aos 43 anos de idade, o Provincial padre Inácio de Tolosa transmitiu a licença do Prepósito-Geral, São Francisco de Borja, para que o beato emitisse voto solene de profissão religiosa. Era 8 de abril de 1577.

O novo Prepósito-Geral, padre Everaldo Mercuriano, nomeara Anchieta em 1576 Provincial dos jesuítas no Brasil. Motivo de júbilo pela nomeação de um grande santo, quer por sua comprovada competência teológica, quer pela sua caridade em níveis de santidade. Quanto benefício espiritual essa nomeação não trouxe aos filhos de Inácio de Loyola!

Foi então chamado a Salvador para que se lhe entregasse a patente ou a nomeação para provincial.

Padre Anchieta, muito humilde, recebia o novo encargo com 140 súditos, tantos eram os jesuítas de então, graças a sua ação evangelizadora e da companhia!

Investido no cargo, "não mudou nada de seu andar comum e acostumado, nem para com os índios, aos quais sempre acudia a pé e descalçado todas as vezes que podia furtar o corpo às obrigações de seu ofício, nem no tratamento de sua pessoa, que sempre foi abatido e baixo e pouco oneroso a seus irmãos..."

Seu governo foi longo. Nos dez anos em que esteve à frente do provincialato, conseguiu visitar todas as casas da Província, mais de dez vezes; isso graças ao pequeno navio "Santa Úrsula", construído por seu antecessor.

"Grande experiente do mar", filho das Ilhas Canárias, padre José conviveu bem com os infortúnios marítimos e fez deste barco um mecanismo eficaz para chegar até as almas que lhe foram confiadas.

Como provincial, mostrou-se sincero e amigo de todos, sabendo unir a bondade à reta observância da vida religiosa. "Pendia para a suavidade que une os corações e não para os rigores que provocam amarguras e desunião."

Mostrava-se com todos fácil e humano, de modo que folgavam de se confessar com ele os de casa, antes que com seus confessores ordinários.

E tinha singular graça e modo para temperar discordes, e consolar aflitos, e desassombrar tentados; mas o que nele muito se enxergava era uma contínua paz e mansidão, enquanto se queriam ajudar aqueles com que tratava.

Em sua maneira de governar, "nutria grande fé e confiança em Deus, gerada das muitas vezes que Nosso Senhor Jesus Cristo, por meios não esperados, livrou-o de perigos evidentíssimos e lhe acudiu em suas necessidades...".

1. Dificuldades

No mister de administrar, temos os momentos de felicidade e bonança. Entretanto, da própria natureza do encargo, não faltam as dificuldades.

A primeira dificuldade que o provincial encontrou deu-se com a chegada do 5º governador-geral, Lourenço da Veiga, e do ouvidor-geral, Cosme Rangel, que vinham prevenidos contra os padres jesuítas.

O governador, contudo, logo percebeu que sua prevenção contra a Companhia de Jesus era fruto da inveja, da covardia e da cobiça que ostentavam contra a liberdade dos índios, defendida pelos intrépidos missionários.

Justamente, uma das características marcantes do governo anchietano foi o fomento do apostolado indígena.

2. Viagens

Percorreu em contínuas viagens todo o Brasil, em visita às casas de Olinda, Ilhéus, Porto Seguro, Vitória, Rio de Janeiro e São Vicente. Para as visitas às aldeias, aos engenhos e às fazendas, bem como a São Paulo, caminhava a pé e descalço, jamais consentindo ser transportado pelos índios, nem andando a cavalo por motivo de doença na espinha dorsal.

Com autorização do governador-geral, tendo em vista a melhor assistência religiosa aos índios das aldeias de São Tiago e de Santo Antônio, fundiu-as em uma só.

3. Empreendimentos

No Espírito Santo, fundou as aldeias de Reritiba, em 15 de agosto de 1579, de Guarapari, em 8 de dezembro de 1580, e dos Reis Magos, em 6 de janeiro de 1585, todas datas prováveis.

No Rio de Janeiro, concedeu missionários para a Vila de São Lourenço e erigiu a Vila de São Barnabé, no Rio Macacú, provavelmente no ano de 1584.

Em São Paulo, surgiram as Vilas de Macueri e de Guarulhos, provavelmente entre 1585 e 1587.

A Vila de São Lourenço foi o núcleo primitivo da atual cidade de Niterói.

Junto à construção das vilas, vinham a alfabetização dos filhos dos colonos, a ereção de igreja paroquial e a evangelização tanto dos portugueses como dos nativos.

Acima de tudo a criação de vilas sedimentava a presença lusitana na Terra de Santa Cruz.

4. O visitador padre Cristóvão de Gouveia

Em seu governo, Anchieta recebeu o Visitador padre Cristóvão de Gouveia.

Humilde, padre José continuou suas atividades com a responsabilidade que um santo costuma imprimir em todos os deveres do cargo.

Assim se expressou sobre ele, quando da estada do visitador, um de seus biógrafos: "É este padre um santo, de grande exemplo e oração, cheio de toda a perfeição, desprezador de si e do mundo, uma coluna grande desta província. E tem feito grande cristandade e conservado grande exemplo. De ordinário anda a pé, nem há tirá-lo de andar, sendo muito enfermo. Enfim, sua vida é *vere apostólica*".

5. Doença

Entre 1581 a 1584, o provincial permaneceu mais na Bahia, na casa provincial, retido por suas enfermidades.

Em 1581, fundava em Salvador a Congregação de Nossa Senhora do Rosário e lhe aprovava os estatutos.

Em 1583, fazia a mesma fundação em São Paulo e introduzia a bênção das rosas para a procissão da Ressurreição de Cristo.

Foram igualmente concluídas as igrejas dos colégios da Bahia e do Rio de Janeiro.

6. Estudos

Presidindo à Congregação Provincial, Anchieta ocupou-se do aperfeiçoamento dos estudos nos colégios do Brasil. Foi o grande animador dos estudos humanísticos dos colégios de Salvador, do Rio de Janeiro, de São Paulo e de Olinda. Nos dois maiores, do Rio de Janeiro e da Bahia, introduziu a solenidade dos graves (1581- 1583), como se realizavam em Coimbra, para os cursos de filosofia e teologia.

7. Fundador de hospitais

Visitando o Rio de Janeiro, em 1581, aportou uma esquadra de Diogo Flores Valdez, que desembarcava duas centenas de doentes. Anchieta, solícito, empreendeu a construção do hospital da Misericórdia, contando com a valiosa e generosa colaboração dos índios das aldeias do Rio.

O carisma da caridade que envolveu sua vida era visível, pois era carinhoso no trato dos doentes e lhes incutia animação, bem como força para reagir, sendo presente também a graça de Deus para curas que não tinham explicação natural.

8. Solicitude pastoral

Anchieta foi o homem das missões *ad gentes*. Se a Companhia de Jesus em seu governo prosperou a olhos vistos, era chegada a hora de oferecer a outras plagas alguns missionários.

Grande fora o desejo de padre Manuel da Nóbrega, já chamado ao convívio do Pai Eterno, de enviar missionários para a evangelização do Paraguai.

Tendo recebido pedido do bispo de Tucumã, Dom Francisco de Vitória, o Provincial dos jesuítas no Brasil escolheu alguns de seus filhos e os enviou para a conversão dos índios daquela extensa circunscrição eclesiástica. Com a empresa, levaram a gramática, o vocabulário, o catecismo e até as Canções de Anchieta, pois a língua tupi era muito semelhante à guarani.

Que benefício espiritual essa empresa não fez naquelas terras vizinhas? Foi assim que do Brasil rumaram reforços jesuíticos para as famosas *reduções do Paraguai*.

9. Atividades literárias

O que causa maior admiração, em meio a tantas atividades, viagens e pregações do encargo de Prepósito no Brasil, foi que padre José de Anchieta nunca cessou, nem diminuiu seu penhor literário.

Em 1584, escreve a grande *Informação do Brasil e de suas capitanias,* documento autógrafo e destinado ao uso do historiador e exímio latinista, padre Pedro Maffei, encarregado então em Lisboa de escrever os anais da expansão lusitana através do mundo. Também escreveu a *Informação dos colégios.*

É ainda de 1587, último ano de seu provincialado, a mais bela das adaptações da Pregação Universal, o *Auto de São Lourenço*, na originalidade de seu 3º Ato, o castigo dos imperadores e a inteira vitória de São Sebastião e de São Lourenço, protetores da Guanabara.

10. Sucessor

Estando em Vitória, nas primícias de 1588, recebeu aviso de que fora nomeado para novo Prepósito-Geral no Brasil o padre Marçal Beliarte, lente em teologia.

Anchieta recebeu ordens de ficar em Vitória, como Superior da Residência e das aldeias indígenas dela dependentes.

11. Análise

Seu governo caracterizou-se por uma humildade a toda prova, tendo uma preocupação primaz na evangelização. Evangelizar com renovado ardor missionário, inculturando-se para levar avante a mensagem de Nosso Senhor Jesus Cristo. Que Anchieta nos ensine a humildade perfeita, a ascese contemplativa de governar fazendo como lemas as palavras do apóstolo: *Não sou eu que vivo, é Cristo que vive em mim.*

Por seus atos no governo da Província Brasileira, Anchieta tornou-se um novo Cristo, fazendo tudo para a glória de Deus e para o crescimento da Igreja.

8

O pregador

"Como são belos os pés do mensageiro que anuncia a paz."

Com as palavras de Isaías, queremos descrever o grande pregador que foi o santo José de Anchieta.

A propósito deixemos que o primeiro biógrafo, Quirício Caxa, fale-nos: "Da Sagrada Escritura teve muita notícia e a trazia frequentemente em suas pregações e mui a propósito, por ter felicíssima memória"... "Era devotadíssimo do Santíssimo Sacramento, o que lhe fazia ser mui assinalado no Sermão do Mandato."

Sua pregação saía mais de um peito cheio de devoção e de comunicação com Deus que de muito estudo de livros. Movia os ouvintes à compunção dos pecados, às lágrimas e ao aborrecimento de vícios e ao amor à virtude e à frequência dos sacramentos da confissão e da comunhão.

Certa feita, uma senhora simples, ouvindo-o pregar, usou da seguinte semelhança: "O Espírito Santo põe na boca do padre o que há de dizer, assim como a pomba na boca do filho o que há de comer".

Tanta era sua santidade na pregação que só de vê-lo no púlpito todos se edificavam.

Padre José foi catequista por excelência, tinha especial graça do Senhor para pregar e falar nas coisas de Deus, fazendo suas pregações muito fruto nas almas, provocando os homens tanto nos sermões como em admoestações secretas a se afastarem de seus pecados e a viverem bem.

Desde menino, possuiu magníficos dotes naturais, incluindo uma memória fora do comum, o que lhe propiciava ambiente para o desenvolvimento de bela oratória.

O que resta das pregações de Anchieta são: o "Sermão da 20ª Dominga depois de Pentecostes", pregado em São Vicente no mês de outubro de 1567; e o "Sermão da Conversão de São Paulo", pronunciado a 25 de janeiro de 1568. Em 23 de agosto de 1588, na 8ª Festa da Assunção de Maria Santíssima, ficou-nos um precioso resumo do sermão pregado em Vitória.

1. Doutrina de Anchieta

Anchieta deixou-nos a lição de sua mística união com Deus, de sua caridade e de seu total desprendimento quanto a quaisquer preocupações terrenas.

Ele não pregou certamente a utopia de um paraíso na terra. Antes de mais nada, ensinava aos nossos antepassados a libertação do jugo de satanás, do pecado e da morte eterna. Pregou, enfim, a salvação.

"Eu sou cão da casa do Senhor" – exclamou do púlpito – "não hei de deixar de ladrar. Digo-vos, da parte de Deus, que não deixeis neste porto uns dois navios que estão de veiga d'alto para fazer viagens aos Patos, índios que estão de paz conosco e são amigos nossos, a cativá-los com suas costumadas e injustas traças. De outra sorte hão de ver os que foram a ira do Céu sobre si e hão de morrer miseravelmente" (Imagem de Coimbra, II, 256).

Não foi pela fraternidade humana somente, mas pelo amor evangélico que os jesuítas clamaram todo o tempo contra a escravização de nossos ameríndios.

Encerramos a explanação de Anchieta como pregador com as palavras finais proferidas no Sermão da Conversão de

São Paulo, uma verdadeira peça literária de devoção a Deus e de elevação espiritual: "Rompe tu também, irmão, este teu duro coração para que entre Cristo nele. Deixa de pecar, pois vês que na cidade do céu não entra o pecado. Deixa-te vencer de Cristo, sujeitando-te a seus mandamentos; que poderoso é Ele, com sua graça, para de vaso de barro, que és, fazer-te vaso de ouro e de prata escolhido e posto a sua mesa celestial. *Ad quam*".

9

Teatro de Anchieta

O primeiro contato de Anchieta com o teatro deu-se certamente em Coimbra. Estavam, então, em voga os Autos de Gil Vicente e de sua escola. É impossível Anchieta não os ter conhecido e admirado: métrica, prosódia e muitas ideias de seus Atos são semelhantes às do grande Mestre.

Chegando ao Brasil em 1553, Anchieta notou como os índios estimavam a música, a dança, o canto e as festas de ritos e espetáculos. Conheceu o padre João de Azpilcueta Navarro, o primeiro jesuíta a aprender a língua tupi e a traduzir para ela muitas orações e cantigas.

O primeiro contato mais apurado do apóstolo com os índios deu-se em Caravelas, depois do naufrágio dos Abrolhos em 21 de novembro de 1553, quando passaram entre os selvagens de oito a nove dias.

1. *Primeiro auto*

No primeiro posto avançado da catequese no sertão – Piratininga –, Anchieta teve contínuo contato com os índios, aprendendo sua língua e seus usos, e escreveu a gramática tupi, já pronta em fins de 1555 e levada por Nóbrega para a Bahia em 1556.

Pouco tempo depois redigiu em tupi o Diálogo da Fé ou Doutrina Cristã.

Para o Natal de 1561, os portugueses queriam celebrá-lo com um auto sagrado no recinto da Igreja. Nóbrega encomendou a Anchieta um auto que de pronto compôs e chamou-o de *Pregação universal,* porque se destinava ao público não só português, mas também indígena, escrito como era nas três línguas usadas então em literatura: tupi, português e espanhol. Esse diálogo foi repetido por toda a costa do Brasil com adaptações diversas, como a de São Vicente e a de São Lourenço.

Anchieta desenvolveu por dez anos em Piratininga sua atividade religiosa e literária. A permanência por cinco meses em Iperuí (1563) como refém entre os tamoios aprofundou ainda mais seu idealismo.

No Rio de Janeiro (1567), assistiu com seus companheiros às grandes batalhas de Uruçumirim (Outeiro da Glória) e Paranapecu (Ilha do Governador), feitos que proporcionaram-lhe novos elementos cênicos para refundir a Pregação universal na adaptação do Auto de São Lourenço.

Com o martírio de Inácio de Azevedo e seus companheiros em 15 de julho de 1570, imediatamente se começou a celebrar a festa desses santos mártires. No caderno de Anchieta, acham-se composições sobre eles. Uma delas é um diálogo, outra parece um prólogo; outra de sentido mais geral serviria de epílogo. A originalidade do auto está justamente no diálogo entre Cristo Ressuscitado e o mártir Pero Dias, que espera dele a ressurreição de seu corpo, assim como dele recebeu a força do martírio.

Em 1577, chega a São Vicente proveniente de Portugal uma relíquia insigne: a cabeça de uma das Onze-Mil-Virgens de Colônia, de muita devoção na corte lusitana. Proclamou-se para toda a capitania um ano jubilar. Anchieta, incumbido de festejar o acontecimento, compôs um auto, no estilo mais parecido ao de Gil Vicente. Dele fazia parte a canção da

Cordeirinha Linda, parte inicial e final que se conserva fora do contexto, como poesia lírica.

Como provincial, não diminuiu seu penhor literário em favor dos colonos e indígenas. Ao fundar novas aldeias ou reorganizá-las por ocasião dos oragos das igrejas ou na recepção de hóspedes insignes, de relíquias de santos ou de novas imagens, promovia belas festas que ajudavam a devoção, alegravam índios e colonos e elevavam a cultura dessa população ainda muito rude.

Das aldeias fundadas por ele, Guaraparim mereceu do dramaturgo um auto todo original em tupi, provavelmente porque os índios dessa aldeia recente pouco ou nada sabiam ainda de português. É o auto mais indianista do teatro anchietano. É personagem toda nova a alma do índio Pirataraka, acabado de falecer, sem saber para onde deve ir, assediada logo pelos demônios, dos quais se defende, e libertada enfim por um anjo.

Por ocasião da presença do Visitador padre Cristóvão de Gouveia no Rio de Janeiro, representou-se um auto, composto para acolher dignamente a relíquia de São Sebastião trazida por ele de Portugal.

2. Espírito Santo

A maior e mais fecunda atividade dramática de Anchieta corresponde à parte final de sua vida, nos quase dez anos passados em grande parte na capitania do Espírito Santo entre 1588 e 1597.

Quando o provincial, padre Marcial Beliarte, sucessor de nosso santo na condução do prepósito brasileiro, fez sua primeira visita às aldeias desta Capitania em 1589, para recepcioná-lo condignamente em Guaraparim, Anchieta escreveu um pequeno auto, para nós preciosíssimo por ter-se conservado em autógrafo, dando-nos perfeita ideia da contextura de suas peças dramáticas.

Em 15 de agosto de 1590, chegava a Reritiba, vinda de Lisboa, a estátua de Nossa Senhora da Glória, titular da Igreja. A aldeia estava em grande desenvolvimento pela chegada de muitos índios trazidos do sertão pelo padre Diogo Fernandes. Anchieta houve por bem promover uma grande festa para cerca de três mil índios que estavam na aldeia. A obra intitula-se "Dia da Assunção", cuja festa então se comemorava.

No ano de 1591, o Excelentíssimo Administrador Apostólico do Rio de

Janeiro, padre Bartolomeu Simões Pereira, foi recebido com o pequeno *Auto da Crisma,* porque o prelado vinha crismar os índios já batizados. Depararam-se nos belos versos referentes ao personagem, "a quem só faltava a mitra bem merecida para ser bispo santo".

Em 1595, para receber o novo superior da casa de Vitória, o mestre e doutor padre Marcos da Costa, após sua profissão solene, o dramaturgo preparou-lhe uma recepção simples e amiga em Reritiba, onde o autor se encontrava. Sem título – naturalmente –, chamemos esta peça de *Recebimento do padre Superior Marcos da Costa.*

Nesse mesmo ano, vieram de Portugal novas relíquias de santos para a igreja de Vitória. Para essa ocasião, Anchieta compôs o auto intitulado *"Quando no Espírito Santo se recebeu uma relíquia das Onze-Mil-Virgens",* também chamado de *Santa Úrsula.*

Anchieta, atendendo aos pedidos insistentes dos fiéis para que as comemorações em honra de São Maurício fossem feitas com maiores solenidades, em 22 de setembro, compôs para esse fim um auto de devoção. É a peça mais extensa do caderno anchietano. E o auto mais bem elaborado por ele: além do diálogo muito vivo dos dois demônios entre si e com São Maurício, que os derrota, aparece a figura da vila de Vitória, que representa a governadora Dona Luísa, insegura e aflita pelos males da capitania. A figura personificada do governo, que a ajuda, representa o capitão adjunto Miguel de Azeredo, em cuja boca Anchieta coloca sua própria e longa experiência de governo dos homens.

Em 2 de julho de 1597, escreve o auto para a festa da *Visitação de Santa Isabel*. Com letra já trêmula, o dramaturgo-apóstolo compõe, à moda de Gil Vicente, esta sua última peça, em que ele se finge um romeiro ignorante a quem Santa Isabel instrui sobre Maria, a visitadora e consoladora de todos os males do mundo, em um escrínio de ideias escriturísticas das mais belas e delicadas. Quando o romeiro vai retirar-se satisfeito, aparece a sagrada visitadora, vestida com o grande manto da Misericórdia, e completa as palavras da mãe do Percursor, prometendo seu auxílio à Santa Casa de Misericórdia, a seus confrades e a toda a capitania.

3. *Mostra teatral*

Mostras de afeto e devoção de Anchieta para com o Sagrado Coração de Jesus, atravessado pela lança do soldado, e para com o Sagrado Coração de Maria, varado espiritualmente pelas sete espadas dos sofrimentos de Jesus. Eis alguns poucos entre numerosos exemplos:

> O peito sagrado, com lança rompido,
> que para vossa alma foi bravo cutelo,
> com raios de glória ressurge tão belo,
> que tem vossas dores, de todo, vencido.

> La carne de vuestro lado
> con cruel lanza es abierta,
> y del cielo abris la perita
> cerrada por el pecado.

> El pastor perdió la vida
> por la grey, que se perdió,
> y el pecho roto dejó
> para que fuesse guarida
> del ganado que ganó.

> Esta ferida, ó Mãe, só se abriu em teu peito:
> quem a sofre és tu só, só tu lhe tens direito.
> Que nesse peito aberto eu me possa meter,
> possa no coração de meu Senhor viver!

4. Origem do teatro anchietano

São raras as referências a representações teatrais no Brasil, antes da primeira peça criada por Anchieta. Mas é certo que elas existiam desde os primeiros tempos da colônia. É ele próprio que o afirma expressamente na Vida de Nóbrega: "Por impedir alguns abusos que se faziam com autos nas igrejas, um ano, (Nóbrega) fez com os principais da terra que deixassem de representar um que tinha, e mandou-lhe fazer outro por seu irmão, a que chamavam *Pregação universal*".

5. Finalidade

O teatro, tanto popular como escolar, foi sempre tido pelos jesuítas não como simples diversão, mas como instrumento valioso de educação e de cultura. Por isso eles o aproveitaram em grande escala, tanto na pastoral como na pedagogia. Instruindo e deleitando, atraíram as multidões e lhes elevaram o nível intelectual.

As confrarias com seu rei e rainha, o corpo de professores e alunos, grupos de missionários e índios eram os principais executores e promotores dessas exibições.

Ocasiões propícias eram as festas dos padroeiros, a visita de hóspedes insignes e o recebimento de novas imagens ou relíquias. Onde havia colégio da Companhia, os atores eram geralmente seus alunos. Conhecem-se pelos processos de beatificação de Anchieta os nomes de vários desses pequenos artistas.

Enfim, conclui-se com seus atos que Anchieta purificou a fé popular, catequizou com arte e maestria, ensinando ao povo as máximas da religião pelos louvores aos santos padroeiros, levando todos a completar o Cristo, caminho, verdade e vida.

Para a posteridade ficou o testemunho de Anchieta, o primeiro dramaturgo pátrio.

10

Cartas jesuíticas

> *"Reunir suas cartas, seus escritos vários... é uma dívida que não admite moratória."*
> Capistrano de Abreu

Padre José de Anchieta era dotado de notável capacidade de observação e de privilegiada memória, acrescida de sensibilidade artística para o aspecto poético das coisas, forrado, ao mesmo tempo, de vivíssima humildade, jamais se apartando da objetividade e da exatidão ao expor por escrito suas impressões sobre as pessoas e os fatos, que descreve quer em suas longas cartas informativas de São Vicente, quer, por exemplo, no poema histórico *De gestis Mendi de Sáa*, quer em outras informações históricas e em textos biográficos.

1. Textos biográficos

Pelos odores de santidade confirmada em sua beatificação canônica; por seus louváveis dotes de inteligência, orador sacro, escritor, historiador e poeta, além de gramático; pelos muitos anos em que orientou as atividades de seus irmãos como superior e prepósito no Brasil; pela amenidade de seu trato com que soube granjear a amizade de súditos e dos moradores das aldeias; por sua diuturna atuação apostólica junto aos indígenas e aos colonos vindos de Portugal, e até mesmo com os escravos africanos, Anchieta espontaneamente se tornou símbolo da obra dos jesuítas no século XVI, por isso mesmo proclamado com muita justiça *"Apóstolo do Brasil"*.

"O canário de Coimbra", assim chamado nos tempos de faculdade, escreveu inicialmente *Artes da gramática da língua mais usada na costa do Brasil*. Iniciou-lhe o *vocabulário*, traduziu nesta língua o *catecismo*, compôs nela o *diálogo da fé* e diversas outras *instruções*, para uso dos novos missionários.

Foi por meio de suas cartas que Santo Inácio de Loyola tomou conhecimento da fundação de São Paulo.

Em 1555, completados seus vinte e um anos, em carta aos "Irmãos Enfermos" de Coimbra, dava notícia de sua saúde praticamente recuperada e de suas muitas ocupações de mestre, aprendiz de tupi, enfermeiro e catequista de índios, fabricante de alpargatas e escritor.

Dos cinco meses que Anchieta passou no meio dos tamoios para a empresa da paz com os portugueses em Ubatuba, descreve "os tragos da morte" então sorvidos, a volubilidade e os hábitos de vida verdadeiramente brutais dessa poderosa nação de brasis. Nos últimos três meses, já ausente o padre Nóbrega, escreve o magnífico poema *De Beata Virgine Dei Matre Maria*, de que já discorremos.

Em 9 de janeiro de 1565, escrevia, da Bahia, sua notabilíssima carta a respeito da fundação do Rio de Janeiro.

Durante o período em que Anchieta esteve à frente do Provincialado escreveu muitas cartas. Foi esse período um momento de consolidação e aperfeiçoamento da ação da Companhia de Jesus no Brasil: melhoria dos estudos, criação de novas aldeias cristãs, cultivo da língua indígena, observância das regras e fervor da vida espiritual. Tudo isso provido das regras e fervor da vida espiritual. Tudo isso promovido, mais que outro qualquer título, pelo próprio exemplo de sua vida de perfeita união com Deus, que dele se servia como dócil instrumento de suas misericórdias. Embora a presença dele fosse já uma exortação ao serviço mais perfeito de Deus, nem por isso omitia, em cada comunidade, as mais fervorosas práticas espirituais. Da matéria então expedida são amostras que dele se conservam aos Irmãos Antônio Ribeiro e Francisco de Escalante.

Na última fase de sua vida, na capitania do Espírito Santo, cresce novamente sua atividade de escritor: Carta ao Capitão adjunto Miguel de Azeredo; carta ao geral Acquaviva; a vários jesuítas, entre eles Manuel Viegas, que apelida "Apóstolo dos maromomis"; uma rica série de composições líricas e dramáticas, como o "Auto" teatral denominado "na Vila de Vitória", a mais trabalhada de suas peças dramáticas, repleta de cor local e recheada de sua experiência de governo. Completava assim uma atividade, iniciada do sacerdócio na Capitania de São Vicente, com "A Pregação Universal".

Já em Reritiba, ano de 1596, compunha a História dos Jesuítas no Brasil, com as biografias de seus companheiros de labuta apostólica, a começar pelo padre Manuel da Nóbrega. Essa obra serviu por muitos anos para outros historiadores.

2. Valor de seus escritos

Capistrano de Abreu, que estudou com tirocínio e vivíssimo interesse os textos históricos referentes a Anchieta, põe em relevo suas qualidades de fino observador e arguto psicólogo, na pintura das personagens de que se ocupa, principalmente nos fragmentos da História, que diligentemente coligiu. Em seus autógrafos e demais escritos autênticos, resplandecem, de maneira admirável, a clareza, a lógica, a simplicidade e o bom gosto do grande humanista que foi o Apóstolo do Brasil.

Senhor de suas reações psicológicas, norteadas por inquebrantável espírito de fé e repassadas por sadio otimismo, acompanhou com suas orações e suas bênçãos o desenvolvimento paulatino de nosso país, cujo radioso futuro, sobretudo no poema *De Gestis Mendi De Saà,* prevê com a simpatia de quem o adotara como pátria.

Sustentando, com sua indesmentida paciência e mansuetude, seu admirável zelo apostólico e sua firmeza de princípios, vivas e empreendedoras as forças de seus subordinados nas tarefas do ensino ou da evangelização, concorreu melhor do que muitos outros, para que medrassem e florescessem por toda a parte a fé e a piedade, a moral, a cultura e a solidariedade, elementos indispensáveis ao verdadeiro progresso espiritual e material de um povo. Não desprezou, para isso, nenhum dos meios a seu alcance, como autêntico precursor da arte da comunicação.

3. Destinatários das cartas

Santo Inácio de Loyola, o santo fundador da Sociedade de Jesus, foi contemplado com notícias do Brasil por intermédio do apóstolo maior, que também era seu parente.

Padre Diogo Laínes, teólogo da maior envergadura, dotado de notável talento e excepcionais qualidades de comunicação, foi geral da Companhia de Jesus, sucedendo o santo fundador, já no convívio dos eleitos.

O terceiro Prepósito foi o admirável São Francisco de Borja, neto do Papa Alexandre VI.

O quarto foi o padre Everaldo Mercuriano.

E o quinto, eleito pela 4ª Congregação Geral, aos 38 anos, foi o padre Cláudio Acquaviva.

Gaspar Schetz, leigo, recebe uma carta em 1579 de Anchieta relativa ao *Engenho dos Erasmos*. O mesmo se dá com o Irmão Antônio Ribeiro, homem de excelentes qualidades para os misteres práticos, tendo para com o superior forte afeição e total confiança.

Por sua vez, o Irmão Francisco de Escalante, aceito como noviço pelo beato, empenhou-se nas obras do Engenho de Camamu.

Agraciado tantas vezes com a correspondência de Anchieta, foi o capitão Miguel de Azeredo segundo donatário da capitania do Espírito Santo.

Já o padre Pedro Leitão foi enfermeiro do jesuíta em sua doença.

O antecessor de Anchieta como Prepósito do Brasil tinha sido o padre Inácio Tolosa.

O padre Manuel Veigas, apóstolo dos *Aromomis*, também recebeu farta correspondência.

4. A Santo Inácio

Se fôssemos compilar devidamente a magnificência das cartas anchietanas, necessitaríamos fazer uma obra específica. Entretanto, para dar uma amostra ao leitor, transcrevemos trecho de uma correspondência do apóstolo e fundador da Companhia de Jesus, para que continuasse abençoando sua obra no Brasil. Ei-lo: "Muita obrigação tem Vossa Reverenda Paternidade de mandar operários para tão fecunda messe. Esperamos confiadamente que o faça, porque Deus, pelo cuidado que tem desta região, entregou-a à particular administração de Vossa Reverenda Paternidade".

11

Doutrina Cristã

Não poderíamos deixar de analisar a doutrina cristã por nosso festejado santo.

I parte

A primeira parte vem falando da *Doutrina Autógrafa portuguesa de Anchieta*, que é um sumário da fé, conservada na própria letra do autor, apresentando diversos problemas de conteúdo, de origem, de relação com textos tupis, de características de linguagem em sua redação portuguesa.

Sendo uma quase retroversão do Diálogo da Doutrina Cristã, a Doutrina Autógrafa deriva proximamente desse sumário da fé, redigido pelo padre Luís da Grã e traduzido para o tupi por Anchieta. Como o próprio Diálogo da Doutrina Cristã é uma ampliação da *Instrução de Catecúmenos*, é nesta que vamos encontrar a origem remota da Doutrina Autógrafa.

Em sua brevidade prática, essa Instrução de Catecúmenos parece que esteve sempre em uso. Assim se explicam melhor as redações mais curtas do Diálogo da Doutrina Cristã, que alguns missionários usaram até o século XVIII, quais sejam as dos quatro manuscritos do Museu Britânico.

As *Instruções para Catecúmenos* e para *In extremis*, segundo se infere dos biógrafos contemporâneos, seriam as primeiras obras anchietanas em tupi, escritas mesmo antes da vinda de Luís da Grã para o sul: primeiras, em vista das necessidades urgentes que impeliam o zelo de Anchieta, que apenas se sentiu senhor da língua nos seis primeiros meses iniciais de Piratininga. Uma dessas necessidades era a de preparar um texto de doutrina para os meninos do Colégio e outros catecúmenos.

O que realmente desejava dos catecúmenos era "que soubessem o que tocava aos artigos da fé, a saber, ao conhecimento da Santíssima Trindade e aos mistérios da vida de Cristo, que a Igreja celebrava, e que soubessem, quando lhes fosse perguntado, dar conta dessas coisas".

Todas estas expressões, "formulário de perguntas... fazendo um de mestre e outros de discípulos... artigos da fé... conhecimento da Santíssima Trindade e mistérios da vida de Cristo", descrevem bem o primeiro Diálogo da Fé. Tratando-se da remota era de 1556 e remetendo-se para cartas anteriores, só poderia ser a Instrução dos Catecúmenos bem mais curta que o diálogo posterior.

Antes de o padre Luís da Grã partir para a Bahia, em 1560, o Diálogo da Doutrina Cristã já fora revisado por ele, ampliado em nove capítulos e traduzido por Anchieta para o tupi, fazendo parte do conjunto da Doutrina Cristã. Futuramente, com idade muito avançada, o Apóstolo reverteu-o do tupi para o português, prevendo a extinção da língua.

A título de demonstração, transcrevemos um dos manuscritos:

RESSURREIÇÃO

1. M Tornou a viver?
   D Tornou.
2. M Esteve muitos dias sepultado?
   D Ao terceiro dia ressurgiu.

3. M De que maneira?
   D Tornou a entrar a alma no corpo morto, dando-lhe vida.
4. M Padeceu fome e sede ou algum outro trabalho, depois de ressurgir?
   D Não.
5. M Ressuscitou com as chagas das mãos, pés e lado?
   D Sim, ressuscitou.
6. M Por quê?
   D Para que fossem sinais certos de sua verdadeira ressurreição.
7. M Apareceu, depois de ressurgir, a alguns?
   D A muitos: a sua Santíssima Mãe, a umas Santas Mulheres e aos Apóstolos.
8. M Quanto tempo esteve com eles?
   D Quarenta dias.
9. M E depois para onde foi?
   D Para o céu.
10. M Quem o viu subir ao céu?
    D Mais de 500 pessoas.
11. M Donde subiu?
    D Do Monte Olivete.
12. M Quem o levou para o céu?
    D Seu poder divino.
13. M E que faz agora lá no céu?
    D Está gozando de sua glória, sentado à mão direita do Padre e é nosso advogado.

Adendo: Os capítulos da Doutrina Autógrafa tratam dos seguintes assuntos: Deus e Santíssima Trindade; Criação do mundo; Criação do homem; Queda de Adão; Encarnação do Filho de Deus; Redenção do homem; Ressurreição e Ascensão de Cristo; Juízo Universal; Limbo e Purgatório; Santa Madre Igreja.

Nota-se nitidamente a preocupação de Anchieta com a evangelização. E evangelizar foi o que mais fielmente fez nosso beato, não poupando esforços para se inculturar e ir ao encontro do povo e anunciar-lhe a salvação.

II parte

A doutrinação tradicional, ou o Confessionário Brasílico, foi levada a efeito por Anchieta sobre o sacramento da Confissão. Firmada em textos do Novo Testamento, explicada por Concílios e Santos Padres da Igreja, e mais bem esclarecida pelo Concílio Ecumênico de Trento, era a doutrina sobre este salutar sacramento que o apóstolo pregava.

Se depois do batismo, que é a primeira purificação, viermos a pecar, ainda teremos remédio purificador, que é o sacramento chamado Confissão. Esse remédio espiritual é o perdão de Deus aos pecados dos homens, cometidos depois da purificação que nos tornou filhos do Senhor.

Esse sacramento instituído por Nosso Senhor Jesus Cristo requer arrependimento, dor de ter cometido o pecado e vontade decidida de não querer voltar a ele. Esse arrependimento deve brotar livremente do amor de Deus a quem ofendemos, transgredindo sua lei e seus mandamentos.

O *Livro da Doutrina Cristã* é uma compilação de vários textos catequéticos. É também de Anchieta enquanto tradutor do que lhe foi apresentado em português e ele traduziu para o tupi, e tal foi o diálogo em nove capítulos, escrito pelo padre Luís da Grã.

Devemos dar ênfase à frequência da confissão e a seu valor, tão fora de moda em nossos dias, recorrendo a dois trechos do próprio Anchieta em seus dois principais sermões: o da 20ª Domingo depois da Pentecostes, pronunciado em São Vicente em 1567, e o sermão da Conversão de São Paulo em Piratininga, no ano de 1568. Em ambos ele se dirige ao penitente em apóstrofe comovente. Eis o primeiro:

Queres, irmão, escapar de todos esses males? Descende, *priusquam moriatur filius tuus*. Desce à confissão, antes que morra essa tua alma, que deves amar mais que a todos teus filhos. Confessa-te muitas vezes, antes que morra esse teu filho em algum pecado mortal. Não sejas como muitos outros ignorantes e bestiais, que esperam que caiam em pecados mortais para o haver de confessar. Não esperes, por isso, irmão, *antequam moriatur filius*. Confessa-te muitas vezes, por que não morra tua alma, que a virtude da confissão muito mais se mostra em guardar nossas almas que não pequem mortalmente que em livrá-las depois de haverem pecado. *Descende* muitas vezes a confessar os pecados veniais e faze muito caso deles, guardando-te deles quanto puderes, *priusquam moriatur filius tuus*, porque eles são como portas, porque abrem a vontade e fazem mais presentes para receber em si o pecado mortal, que é a morte de nosso filho tão amado, pelo qual o Filho de Deus morreu

No segundo texto, não menos poético do que o primeiro, em linhas gerais, exorta os fiéis para que tenham o gosto pelo arrependimento, para estarem em consciência tranquila com o Pai Celestial e gozar do descanso dos justos na visão beatífica em que não haverá mais o pecado...

O livro do *Confessionário* vem na Doutrina Cristã como sua última parte; mas considera-se como livro distinto entre todos os outros textos tupis dessa compilação.

Esse livro é dividido em três partes principais: A acolhida de confessar o penitente, o interrogatório dos Mandamentos de Deus e da Igreja e a "repreensão breve" para os que merecem.

O valor histórico e social do *Confessionário* é porque este opúsculo ajuda a conhecer as quedas morais do índio catequizado, suas dificuldades em amoldar-se aos preceitos da religião cristã e daí atitudes de aspecto social, como a perseverança em hábitos ancestrais; tal a influência dos pajés por feitiçaria e curanderia, enganando seus simpatizantes com práticas pseudomedicinais, promessas extravagantes, festas de danças intermináveis, que induziam à indolência para o trabalho cotidiano do sustento.

O método usado pelo padre era o de responder sim ou não às perguntas formuladas. Foi uma feliz adaptação, socialmente valiosíssima para a aceitação da Confissão, tão difícil à altivez natural dos tupis.

Esse livro vem comprovar nossa tese de inculturação do Padre Anchieta e da Companhia de Jesus já naqueles tempos, pois o missionário jesuíta procurava, como hoje, em todo o mundo, a melhor adaptação possível à mentalidade de povos tão diversos em cultura, como a da pedra lascada e a dos requintes chineses. Tudo isso, sem sombra de dúvida, tendo em vista a conversão ao Evangelho de Cristo Senhor, cujo nome, desde o santo fundador, Inácio de Loyola, os jesuítas adotaram e resolveram propagar a toda a terra antiga e nova, como a de Santa Cruz.

12

Textos históricos

Seguramente podemos afirmar que José de Anchieta foi um excelente historiador. Carga intelectual, ele a tinha de sobra. Havia estudado filosofia em Coimbra, conviveu com os melhores professores de teologia de então, principalmente com seu professor padre Luís da Grã. Era exímio conhecedor de lógica e de metafísica.

Atendendo à determinação do cardeal Dom Henrique, rei de Portugal, outro brilhante jesuíta, o padre Pedro Manffei, SJ, ficou encarregado de escrever na língua universal de então, o latim, a história dos feitos de Portugal ultramarino.

Para colaborar com essa louvável empresa, ninguém mais credenciado do que o provincial do Brasil capaz de fornecer ao padre Manffei as notícias necessárias da Terra de Santa Cruz.

Anchieta andou por toda a costa marítima nacional muitas e muitas vezes para visitar seus confrades e para empreender a evangelização dos nativos. Foi esse o cenário em que labutou para a difusão do reino de Cristo em favor de seus moradores, na área da instrução, do cultivo espiritual e do progresso em todos os sentidos. Para a incorporação dos selvagens na nova sociedade, criada pela cooperação entre a Igreja e o Estado, seu concurso teórico e prático não sofreu comparação com os de outro qualquer.

Para avaliar seu vasto conhecimento do país, sua estreita convivência com os governadores-gerais, que a todos conheceu pessoalmente e com os quais muitas vezes colaborou, nada melhor do que consultar suas breves e importantes informações na obra intitulada *Breve informação do Brasil para o padre Pedro Manffei.*

Outro importante trabalho de sua lavra foi *A informação dos casamentos dos índios,* pois possuía uma experiência vivencial das mais positivas com os nativos.

Merece relevo o *depoimento de Anchieta* no Processo de Bolés dado em Santos, em 22 de abril de 1560.

Meritórios são os *Catálogos* escritos pelo apóstolo e que constituem contribuição indispensável para a história dos jesuítas no Brasil no século XVI, no qual se pode notar a atividade organizada da Companhia no campo da educação, com seus colégios da Bahia, Rio de Janeiro e Pernambuco. E também no campo da evangelização dos indígenas (e colonos), em residências e aldeias missionárias.

Todavia, a peça mais importante da historiografia anchietana é, sem sombra de dúvida, a *História da Companhia de Jesus no Brasil. Século XVI*, ou *Vida dos padres ilustres do Brasil*, como a denomina a bibliografia de Southwell. Composta nos anos de 1595-1596 não recebeu, ao que parece, nenhum título especial.

A importância dessa obra nas palavras abalizadas de Capistrano de Abreu é a seguinte:

> A importância dos 'Apontamentos', a julgar pelos fragmentos aqui reunidos (pois a obra se perdeu), deve ser grande. Anchieta era um grande observador, sabia reunir pequenos fatos característicos, desenhar retratos com grande nitidez e dar-nos sua nota pessoal dos documentos humanos que enfeixava. O que ele escreveu sobre o padre Manoel da Nóbrega é mais instrutivo psicologicamente que muitos volumes.

Muitos fatos preciosos e muitas datas valiosas sobre os primeiros padres, conservados nos grandes fragmentos de Vasconcelos e Franco ou aproveitados por assimilação em suas narrativas, esclarecem não só a obra da Companhia de Jesus, mas a própria história do Brasil, tão inseparáveis neste primeiro século que, nas palavras abalizadas de Capistrano de Abreu, uma não se pode escrever sem a outra.

13

E Deus o chamou para a glória...

Mesmo alquebrado, nosso padre José recebeu em fins de 1592, por impedimento do Padre Provincial, a incumbência de visitar em seu nome as casas jesuítas do Sul, que estavam subordinadas ao Rio de Janeiro.

Por dois anos percorreu todas as casas e as aldeias do Espírito Santo, do Rio de Janeiro, de São Vicente, resolvendo seus problemas. Em todos os lugares, foi recebido festivamente e com afeto.

Em 1594, animou com sua presença a construção da fortaleza de Santa Cruz à entrada da Guanabara. Confiou aos índios das aldeias de São Lourenço e de São Barnabé a ajuda necessária para a empreitada.

Em junho de 1596, já em Reritiba, foi chamado a Vitória para substituir por seis meses o superior, padre Marcos da Costa, enquanto não foi nomeado o sucessor, padre Pero Soares. Ainda andou por fazendas e engenhos dos brancos visitando as aldeias dos índios, ajudando em tudo o que lhe pediam. Em 21 de setembro daquele ano, celebrava missa às margens do Rio Cricaré para uns náufragos, que aí se firmaram, fundando a povoação de São Marcos, hoje próspera cidade e sede episcopal do norte capixaba.

Deixemos um de seus biógrafos relatar os primórdios de 1597:

> ... já muito combalido pela enfermidade, a conselho do novo superior de Vitória e a instâncias de seu grande amigo, o capitão-mor Miguel de Azeredo, retirou-se por alguns dias a uma fazenda. Sua família o tratou com muito desvelo. Mas ele, sentindo aproximar-se a morte, pediu para voltar a Reritiba: queria morrer entre seus índios e seus irmãos de hábito. Levaram-no de canoa. Era maio e teve de se acamar. Chegaram, um dia, aí, os confrades da Misericórdia de Vila Velha, construída há pouco por Miguel de Azeredo e que devia ser inaugurada para a festa da Visitação, em 2 de julho. Pediam um auto sagrado para espetáculo do povo, que acorreria à solenidade. Mesmo assim doente, ora sentado, ora acamado, Anchieta não recusou. Com mão trêmula foi escrevendo esses 570 versos, em que ele espraiou seu coração em afetos para com Maria

e seus filhos prediletos, os pobres e enfermos. Ele também se despedia de sua Mãe, que não mais visitaria em seu Santuário da Penha, sobranceiro à Santa Casa de Misericórdia, esperando a visitação do céu:

> "Parto-me sem partir,
> de vós, ó Mãe e Senhora,
> Confiado em que, nessa hora
> de a vida me despedir,
> me sereis visitadora".

Na enfermidade mantinha-se em perfeita harmonia com a contemplação de Nosso Senhor Jesus Cristo, muitas vezes indo ao socorro dos enfermos, preferindo esse sacrifício a entregar trabalhos aos outros.

Esteve padre José três semanas de cama e, em 9 de julho de 1597, portanto há mais de quatrocentos anos, piedosamente, depois de ter recebido os últimos sacramentos e rodeado pelos missionários vizinhos, seus discípulos antigos, durante meia hora, sua serena agonia deu a alma ao Senhor, a quem servira por 44 anos no Brasil.

Em toda a urbe, chorou-se a morte daquele que, posteriormente, seria chamado *Apóstolo do Brasil* por Dom Bartolomeu Simões Pereira.

O pai dos índios, o homem inculturado, entregou sua alma ao Pai, a quem foi fiel seguidor em vida com a firme certeza de que o amou até o fim.

Seus companheiros e os índios, que o amavam ternamente, conduziram nos ombros, por dezenas de léguas até Vitória, o corpo do santo. Nessa cidade, desde a praia, receberam-no os Irmãos de Misericórdia.

Na Igreja do Colégio de São Tiago, fizeram-lhe os ofícios solenes quando o Prelado do Rio de Janeiro o proclamou *Apóstolo do Brasil*, título até os dias hodiernos conservado e venerado por todo o povo brasileiro.

Da aparência física de padre Anchieta, eis o retrato que nos pintou Simão de Vasconcellos: "Foi o padre José de Anchieta de estatura medíocre; diminuto em carnes, em vigor do espírito robusto e atuoso; em cor, trigueiro; os olhos, parte azulados; testa larga; nariz comprido; barba rasa, mas o semblante inteiro alegre e amável".

O processo de beatificação de Anchieta começou cinco anos após seu passamento e foi interrompido várias vezes, inclusive pela perseguição à Companhia de Jesus, que levou a sua infeliz supressão no Brasil entre 1757-1877. O Papa Clemente XII deu o "Decreto das Virtudes em Grau Histórico Praticadas pelo Venerável Servo de Deus, o padre José de Anchieta, Sacerdote Professo da Companhia de Jesus".

Nas últimas décadas voltou o interesse pela beatificação, cabendo a feliz iniciativa ao Romano Pontífice João Paulo II, que o proclamou em sua primeira visita ao Brasil.

Queira Deus iluminar os caminhos do Santo Padre João Paulo II e, relembrando os 500 anos de descobrimento do Brasil e 450 anos da presença da Companhia de Jesus, permita que a Santa Sé Apostólica se manifeste pela canonização daquele que em vida foi um exímio apóstolo da família, defensor dos vínculos matrimoniais e protetor dos excluídos[1].

---

[1] N.E.: São José de Anchieta foi canonizado no dia 3 de abril de 2014 por um decreto do Papa Francisco cf. capítulo 29 deste livro, p. 133).

14

Anchieta, sempre o protetor do Brasil

1. Apóstolo da juventude

A instrução da juventude esteve por muitos anos a cargo da Santa Mãe Igreja. Graças a isso, felizmente, o Brasil hoje ainda é um país católico.

Mas, há mais de quatrocentos anos, padre Anchieta foi apóstolo da juventude, tornando-se o símbolo da educação cristã, e continua sendo considerado um estímulo para todos os que trabalham na formação espiritual de nossos jovens.

Humanista, foi o primeiro mestre de latim em Piratininga, ensinando-o aos colegas seminaristas e aos estudantes de então. Isso no auge de sua juventude, a seus lindos 20 anos, já missionário nestas plagas de Santa Cruz. O tempo que lhe sobrava, na São Paulo de hoje, era dedicado à instrução das primeiras letras e da doutrina cristã aos indiozinhos. Esse profícuo magistério lhe consumiu 10 anos de sua intrépida vida de apóstolo do Brasil.

Feito sacerdote e provincial dos jesuítas, nunca mediu esforços para a consolidação dos colégios da época.

Professor abnegado, foi, é e será o exemplo para quem aspira fazer do magistério um sacerdócio, o sacerdócio do saber e da doutrina cristã. Quantas almas não foram salvas pela ação do magistério de Anchieta? Para a eternidade, o Brasil deverá reverenciar a memória daquele que, em vida, foi um altar vivo da educação nacional.

2. O valor do leigo na Igreja

O Concílio Vaticano II, no parágrafo 93, proclama que "a Igreja não se acha deveras consolidada, não vive plenamente, não é um perfeito sinal de Cristo entre os homens, se aí não existir um laicato de verdadeira expressão que trabalhe com a hierarquia. Porque o Evangelho não pode ser fixado na índole, na vida e no trabalho de um povo sem a ativa presença dos leigos".

Nosso Apóstolo previu a necessidade do engajamento dos leigos na ação pastoral e, quatrocentos anos antes do Concílio Vaticano II, já tinha consciência de que os leigos eram participantes diretos do sacerdócio de Cristo pelo batismo.

O Projeto de Evangelização da Igreja no Brasil, *Rumo ao Novo Milênio,* conclama-nos para um renovado ardor missionário. Esse "novo" ardor era a pregação inculturada do maravilhoso jesuíta, que ensinava a dar testemunho de Cristo em seus afazeres diários e a evangelizar em todos os segmentos da vida.

A solicitude pastoral de Anchieta permitia-lhe ser exímio diretor espiritual das mães que ficavam mais em casa, principalmente em Piratininga, e de cuja piedade derivou a cristandade das antigas famílias brasileiras do sul.

Como Apóstolo da Família, estimulou constantemente a união dos esposos entre si e com seus filhos.

3. O Brasil é um grande campo de missão

Tanto ontem como hoje a evangelização é premente, quer nos núcleos superlotados de pessoas heterogêneas, quer nos recôncavos interioranos. Anchieta foi protagonista da fundação das duas maiores megalópoles brasileiras e foi o responsável por sua consolidação: São Paulo e Rio de Janeiro, ambas teatro de seu fervoroso zelo apostólico.

E por sua firmeza na formação, como mestre e animador das comunidades, foi um missionário *renovador*. E, em tal qualidade, ensinou latim a seus pares para que alcançassem a ordem do presbiterato e para que a evangelização prosseguisse.

Exímio conhecedor da língua tupi, bem como da índole e dos costumes indígenas, foi frequentemente empregado como intérprete na catequese, nas confissões, nas missões de paz e nas expedições, como na famosa Iperuí, em que, com uma diplomacia toda sobrenatural e também humana, entre graves riscos de alma e de corpo, sustentou a paz até sua própria libertação.

Já como sacerdote sempre continuou defendendo com denodo a liberdade dos nativos contra a ganância e a volúpia dos colonos. Para as efemérides indígenas escreveu seus principais dramas e diálogos.

4. Patriarca da pobreza

Os pobres, como Jesus ensinou, também para Anchieta eram os que lhe mereciam atenção e fervor missionário.

Viveu ele os dramas sociais de então, assistindo à primeira fusão de raças e à formação de classes, com suas consequências sociais de cativeiro dos índios, de opressão dos escravos negros e de carestias quase contínuas para os desvalidos da sorte material.

Como religioso, viveu plenamente e com dignidade a pobreza evangélica. Comia e dormia pouco, vestia-se humildemente sem medo de apresentar-se diante dos grandes, mesmo como Prepósito--Geral no Brasil.

Exerceu com a mesma galhardia e desprendimento o ofício de Padre Provincial, como os ofícios de pedreiro, estradeiro (foi o primeiro a abrir uma picada em São Paulo, donde é a Via Anchieta, opulenta nos dias de hoje), carpinteiro, ferreiro, lavrador, criador de gado...

Promoveu a caridade, fundando Santas Casas de Misericórdia e farmácias, com a finalidade de recolher e assistir os doentes abandonados.

Com os escravos negros, teve plena solicitude pastoral, indo a seu encontro para celebrar a Eucaristia nos engenhos de açúcar.

5. Espiritualidade

Anchieta, por um instinto profundamente cristão, pôs Jesus Cristo em todos os seus escritos como o centro de nossa atividade espiritual e pastoral. Foi alguém que nos ensinou a "sentir com a Igreja".

Filho amantíssimo da bem-aventurada Virgem Maria, compôs os mais belos poemas em exortação à Mãe do Senhor, haurindo da maternidade virginal afetos do coração e imitação das virtudes, para uma aproximação cada vez mais perfeita de seu Filho.

Concluiu-se, *ipso fato,* que o Beato José de Anchieta como que nos ensinou antecipadamente a seguir as fontes puras do Vaticano II e o Sacrossanto Magistério da Igreja; como ele, por meio do Concílio de Trento, tão vivo na história eclesiástica, abeberou-se profundamente e ainda hoje nos edifica com seu testemunho de *Apóstolo do Brasil,* "ontem, hoje e sempre", visto como em tudo em sua vida acompanhando os passos de seu e nosso Mestre e Redentor.

15

Uma vida a serviço de Deus

Hodiernamente, nossa sociedade encontra-se afastada de Deus; vivemos o pós-modernismo. Cada dia que passa, o sagrado vem perdendo terreno para as grandes catedrais, que circundam as megalópoles conturbadas, os famosos "shopping centers". A honradez, a justiça, o caráter fraterno e humano, sem falar em outros princípios morais, que deveriam nortear as relações humanas, centralizam nosso pensamento na figura maior e maiúscula do Padre José de Anchieta, cuja vida e obra contêm um programa de ação digno e capaz de possibilitar a modificação das estruturas da sociedade atual.

É preciso aplicar aos dias de hoje o amor de Anchieta pelos seres humanos. É preciso imitar suas virtudes morais e seus dons pessoais, conjugados em um comportamento e em atitudes irrepreensíveis.

Humanista por excelência, Anchieta cumpria à risca o que mais empolgava sua alma de missionário: o amor a Deus e o amor ao próximo, dentro da sua situação cultural e sociológica. Dessas duas máximas, que sintetizam toda a pragmática evangélica, como fontes de água viva, advém toda a sua doutrina. Doutrina que se desdobra em ação e contemplação, que é paciente e generosa. De espírito apostólico e evangelizador, deu testemunho de Jesus Cristo e de sua Santa Igreja e, sobretudo, de uma veneração e de um amor filial à figura da bem-aventurada Virgem Santíssima.

Seu humanismo cristão faz-nos invocar a parábola do Samaritano. Aos doentes entregava-se no desvelo da cura, não somente do corpo, sobretudo na purificação da alma, na qual derramava o óleo do perdão e do amor.

Apóstolo de todos os tempos, traz aos dias de hoje a coragem de combater o pecado, a injustiça, a corrupção, a imoralidade e a falsidade dos princípios, que infestam nossos homens, nossa juventude e os meios sociais.

A contemplação dos mistérios de Deus, a obra da Encarnação e da Redenção do mundo, efetuada na promessa de libertá-lo da morte por intermédio do novo Adão, Jesus Cristo, e de sua Mãe, corredentora da humanidade, constituem o eixo central desta nova evangelização tão querida e exortada pelo Sumo Pontífice. É preciso retornar às florestas e buscar para o reino do Senhor os indígenas. Urge, igualmente, ainda, que desçamos às florestas das consciências para humanizá-las, arrancá-las do torpor do indiferentismo, do esquecimento dos sagrados princípios, que exornam a moral cristã, os quais, bem estruturados, formam a ordem ética e equilibram as forças que regem a sociedade e as sustentam nos cenários da justiça.

Presentemente ressurge o humanismo cristão do Apóstolo do Brasil, com a visão teocêntrica e evangelizadora da consciência dos povos e, sobretudo, da consciência nacional das gerações brasileiras. Semeador da cultura, veio para servir e preparar as incultas terras tropicais, propondo-se a ser agricultor a serviço do Redentor da humanidade. Abre, com o instrumento de sua palavra e de seu exemplo cristão, uma fenda em todas as almas e ali deposita a sementinha da boa-nova, certo de que a civilização cristã floresceria e a plantação evangélica na Terra de Santa Cruz produziria cem por um. Tantas quantas são as árvores de todas as florestas, as sementes da fé, do amor e da graça haveriam de encher o celeiro de Deus em eterno e constante germinar. O que falta ao mundo contemporâneo é a oração, a ascese, a contemplação e a ação que produz frutos e gera para a vida social as obras vivas saídas da graça do batismo e lavadas no sangue do Cordeiro, edificando o templo vivo e o corpo místico de Cristo. Urge que os cristãos de hoje voltem a dar testemunho do Cristo Senhor. Deixem cair a máscara do orgulho e da hipocrisia. Deixem de repetir o que pelo tentador fora dito a nossos primeiros pais: sereis maiores do que Ele. Deixem de ser antropocêntricos. Façam como o apóstolo que possuía a preocupação do Cristo e de sua doutrina, cuja base era restaurar tudo em Cristo. Feliz é a nação brasileira, porque possui uma pedra angular viva, nascida do coração de Nosso Senhor, proveniente da festejada Companhia de Jesus, que sempre foi na Madre Igreja os pulmões ou as pilastras mestras na construção da Jerusalém Celeste aqui na terra.

A vida e a obra de Anchieta foram modeladas para serem os instrumentos da conversão dos homens e para as sociedades que desejam pautar seus princípios nas normas da moralidade e da justiça.

Assemelha-se ao Apóstolo Paulo quando dilata o reino de Cristo, arrebatando com sua pregação as consciências indígenas. Apascenta suas ovelhas, oferecendo-lhes a paz e a sadia formação que provém da essência do cristianismo.

Alimenta a juventude com a educação, promovendo a cultura e a doutrina católica nas consciências de então.

Na hora atual, seu amor à Igreja, sua concepção do mundo, sua doutrina, se ouvidas, seriam a melhor fonte para a sociedade retomar novos rumos e deixar-se conduzir em definitivo pelas virtudes sociais que buscam o verdadeiro humanismo, a justiça e a moral sadia em benefício e para a felicidade do sofrido povo brasileiro.

16

Sacerdote de todos os tempos

A preocupação do homem com sua origem torna-se uma inquietação constante, à medida que o ser humano usa de suas faculdades para indagar e analisar. Os problemas passam do particular para o geral, dos indivíduos para as fórmulas coletivas; portanto, as sociedades estão sempre em busca das mais variadas soluções para apaziguarem as consciências das coletividades.

Feito esse preâmbulo, cabe concluir que em todos os tempos as questões e os modelos, que enfocam as respostas, deságuam nos polos centrais que atraem e chamam para si todo o desdobramento da sagrada busca. O primeiro problema gira em torno da concepção do próprio homem. Alvora-se este como dono da verdade, senhor de si mesmo. E pretende fazer o mundo girar em torno de seu "ego". Ilusoriamente, perde-se e caminha para uma inquietude sem limites. Esquece que não passa de uma mísera criatura. O segundo polo é o reconhecimento da existência de Deus, fonte de sabedoria divina e humana. Dá-nos a resposta de nossa incansável procura, a qual encerra a solução das dificuldades e dos problemas que afligem o homem. Toda a criatura que se desvia desse eixo correrá o risco de se perder. Ao se afastar sairá da órbita em cujos limites se acha traçada sua felicidade individual ou coletiva. O homem encontrará o respeito a seu livre-arbítrio, lembrando-se sempre de que não lhe é dado o direito de fazer o mal.

Aqui vem o que desejamos concluir. Elaborados esses conceitos, entrevemos o Santo Evangelho como o código pelo qual se constrói a felicidade. O indivíduo e a sociedade encontram nele a chave de uma doutrina progressista e justa. Não é somente a porta aberta para o novo reino, para a nova criação resgatada em Jesus Cristo. Ele é o caminho de chegada ao Pai. Ainda é a força que reestrutura o homem e a sociedade nos princípios da moral, da ética e da justiça. No "ontem" histórico, assistimos ao venerável José de Anchieta – sacerdote de todos os tempos – embrenhar-se nas florestas de nosso imenso território para falar aos nativos a linguagem que consolida o reino de Deus e promove a saída deles das trevas da ignorância para a luz, que é o próprio Cristo, razão e ápice da soberania sem limites.

Também eles em sua natureza indígena estavam procurando uma saída para suas vidas. Precisavam de respostas às surdas indagações de sua consciência. Não conheciam a grandeza e a dignidade do próprio ser. Enxergavam em seus semelhantes apenas inimigos. Alguns eram antropófagos. Como selvagens se entregavam às leis da natureza.

Foi difícil para o padre José de Anchieta revestir essas almas com as vestes novas da doutrina cristã. Dar-lhes uma doutrina, em que o amor e a caridade fossem o eixo central da vida, foi sua grande meta. Preparou-se bem para fazer-se entendido, para inculturar-se, aprendendo a linguagem dos habitantes das florestas. O Espírito Santo o fizera rapidamente aprender a língua nativa, e, em pouco tempo, estava levando aos nativos o pão da sã doutrina. Sabia o padre José de Anchieta que não era suficiente levar roupas, vestir a matéria como hoje se tenta fazer com finalidades outras. Era necessário mudar o homem por dentro, dando-lhe uma vida de amor, de paz e de compreensão, na qual pudesse ver em seu semelhante seu próprio irmão. Para isso nada mais necessário do que lhes pregar o evangelho, em que o centro é Nosso Senhor Jesus Cristo, em quem a vida será sempre o ponto de equilíbrio de todo e qualquer vivente. Ele veio para dar a todos uma vida nova. Esta doutrina, esta vida, o pão da paz, que sustenta, foram distribuídos pelo padre José de Anchieta no limiar de nossa história. Sua luz continua a iluminar-nos a seu exemplo e a edificar-nos para uma evangelização com renovado ardor missionário.

Ainda hoje podemos exclamar que somos um país de missão. Os desequilíbrios das selvas gravitam em nossa sociedade, cada vez mais secularizada. Os homens fogem do polo do equilíbrio, afastando-se dos princípios que fazem a família feliz, a sociedade mais justa e os indivíduos mais racionais e cristãos. A liberdade sem limites representa a decadência do próprio livre-arbítrio. Campeiam na mentalidade hodierna o egocentrismo, o indiferentismo, ou um falso espiritualismo, que levam à corrupção e à decadência dos princípios morais e da verdadeira cidadania. O comodismo resfria a fé e corrói as virtudes.

As consciências esqueceram a solidariedade e a caridade. Somos uma multidão de batizados e uma minoria de cristãos autênticos na defesa da fé e dos bons costumes. Nossas igrejas estão vazias. Tudo isso nos leva a afirmar que somos um país que necessita de muitos Anchietas, que desçam às florestas urbanas e, no sacrifício, na santidade e no desapego, possam com o exemplo da vida operar mudanças substanciais e o reinício verdadeiro do retorno dos indivíduos, das famílias e da sociedade ao Cristo Senhor, dador supremo de todas as coisas.

17

O lirismo cristão de Anchieta e o conhecimento de Deus

A história é pródiga em exemplos de santidade. Deus protege todo aquele que afugenta o mal, dando-lhe o brilho e o fulgor da mente para em doutrina ou cânticos celebrar sua grandeza e sua glória. O projeto da visão ascética em louvores ao Senhor é o fator que norteia a vida na pureza e na castidade.

Como exemplo avistamos no passado a eminente figura de Santo Tomás de Aquino, que expulsou da prisão, onde se encontrava, as mulheres que desnudas procuravam arrancar de seu coração o amor à santidade. Em recompensa, o Senhor Deus lhe cingiu em sonhos o corpo, operando nele as maravilhas de sua obra e abrindo-lhe o intelecto para que de sua mente e alma generosas proviesse a grande obra que é a *Summa Theologica*.

Anchieta, no auge de seu apostolado, na tarefa missionária de operar a conversão dos nativos, imbuído do espírito de oração e de profunda experiência de Deus, do amor à santíssima doutrina de Cristo, sofreu ao pregar o Evangelho as mesmas tentações da carne, pois os indígenas mostraram-se nervosos pelo fato de não querer aceitar suas filhas como parceiras de atos que ele condenava. Pediu à Virgem Santíssima a graça especial para vencer as tentações, oferecendo-lhe o voto de castidade com a promessa de celebrar a vida de Maria Sempre Virgem em versos. A Mãe Santíssima ouviu-lhe a prece. A paisagem do verde das florestas, tendo como testemunha muda o imenso panorama do sertão remoto, viu desabrochar os encantos da alma poética do Apóstolo do Brasil.

Seu poema sobre a Virgem Maria tem raios de sol, tem amor cristão, tem a pureza da luz. Ao reflexo das águas do mar, escreveu nas areias das praias os versos brancos cheios de lirismo puro, no qual celebra a vida, a proteção e os mistérios da Matrona Santíssima.

Na original beleza casta e verde de nossas matas, encontrou um campo de inspiração para revestir os acontecimentos, os mistérios e os sonhos da Virgem Mãe.

O festejado padre Armando Cardoso, SJ, assim nos explica: "Certo de que seu voto era aceito, começou logo a desentranhar do coração afetuosíssimo, da robusta inteligência e da extraordinária habilidade humanística os milhares de versos, que provocam hoje nossa admiração".

Na castidade e na abstinência, o Criador fez padre José admirável, causando a estima e o respeito dos nativos.

Seu cântico de amor, o cumprimento de sua promessa, apresenta-se na forma de uma beleza poética invejável. Senão vejamos:

> Eis os versos que outrora,
> ó Mãe Santíssima,
> Te prometi em voto,
> vendo-me cercado de feros inimigos.
> Enquanto minha presença
> amansava os tamoios conjurados
> e os levava com jeito à suspirada paz,
> tua graça me acolheu em teu
> materno colo
> e teu poder me protegeu intactos
> corpo e alma.
> A inspiração do céu,
> em muitas vezes desejei penar,
> cruelmente expirar em duros ferros.
> Mas sofreram merecidas repulsa

os meus desejos:
só aos heróis compete tanta glória!"

A vida de Deus manifesta-se em José de Anchieta, porque se torna o canal de seu amor para com as almas desprotegidas dos índios. Expande o reino de Deus e não cessa de cantar os louvores à Corredentora da humanidade.

Seu poema constitui os alicerces e os fundamentos da literatura brasileira, que se inicia nos sonhos, nos mistérios das florestas e nos gemidos da escravidão, como também nos embalos tristonhos da alma portuguesa.

A delicadeza, a doçura e o encanto do lirismo de seus versos celebram as glórias da Divina Musa na beleza incontida das ideias. A mística paisagem de seu canto está eivada do amor real, dos divinos desejos e dos acontecimentos que reduzem e arrebatam as almas. Deleitemo-nos com o *Belo encontro*:

> "Apenas teu semblante
> assoma o limiar do lar paterno,
> todas as cercanias da
> cidade recendem
> o mais suave aroma.

Senti este perfume,
talvez julguei senti-lo:
o certo é que me pus a correr
seguindo o caminho por onde
os pés me arrastavam.
Perguntei a mim mesmo: '
Alma que fazes?
Vamos, apressa-te,
talvez ainda chegues
a contemplar seu semblante virginal'.
Saio como centelha em corrida
vertiginosa,
quando de repente, ó Virgem,
te avisto ante os degraus sagrados
do templo.
Vê-la foi tombar trespassado
por um dardo de amor!
Como tua beleza me seduziu os olhos!
O amor da encantadora virgindade
explodiu-me no mais íntimo do peito,
em densas labaredas.
Resolvi vestir de aço a cândida pureza,
cercá-la de trincheiras eternamente
trancadas
com férreas traves,
e abrasar-me, ó Virgem,
recalcando tuas pegadas
no itinerário feliz de tua vida...

Quisera na humildade possuir o fulgor de brilhante pena, descrever em letras iluminadas as maravilhas de tão nobre e encantadores versos. As glórias das literaturas poderão passar, mas as areias do mar e os verdes das florestas as farão despertar em nós a lembrança e a doçura dos versos, em que o feliz e predestinado padre Anchieta celebrou, no amor e no lirismo, as grandezas da sempre Virgem Maria.

Como diamantes sem jaça, seus versos fluíram docemente do brilho de sua alma pura e límpida. Fios de águas vivas a brotarem dos mais altos píncaros.

Em gotas salvíficas, porejavam as almas dos ferozes indígenas purificando-as no batismo da luz e do amor.

Como João Batista, acorriam-lhe almas distantes dos desertos de aflição, e, do fundo das florestas, fazia dos indomáveis e feros indígenas as ovelhas do Senhor. Cantor da alma brasileira e poeta de seus sonhos. Seu poema é a consagração desta terra. Seu louvor à Virgem Maria faz dele o cântico dos cânticos na alvorada do Brasil.

Alma privilegiada, São José Anchieta armazenou conhecimentos humanísticos e teológicos. Existem conhecimentos que se espiritualizam. São como os lagos serenos, sempre enobrecendo a inteligência. Ali a mente mergulha buscando razões em que a vida se afirme. Outros, porém, brotam das alturas e despencam em cachoeiras, enriquecendo os rios e as fontes ávidas de água pura. Essas são imagens aplicáveis à cultura de Anchieta. Nasce de Deus, de sua palavra colhida na Sagrada Escritura. Enfoca os mistérios dissolvendo-os no pão, que dá a vida e fortalece os viandantes na caminhada para a morada definitiva. As águas irrequietas em busca de seu leito descem às florestas, vão às cidades, criam ramificações por todos os lados. São bem a imagem da vida do Apóstolo das selvas. Aprendeu na coragem e na fortaleza dos santos e padres da Igreja a enfrentar os perigos em nome de Cristo Senhor. A Bíblia era sua companheira e sua arma na defesa do Evangelho e da Igreja. Possuía os dons do Espírito Santo, que o ajudavam na pregação apostólica. Ligados continuamente a sua vida, Anchieta os aproveitava para adestrar-se na coragem dos mártires e na fortaleza dos apóstolos, administrando com sabedoria e entendimento as coisas de Deus e do homem.

18

A Companhia de Jesus no Brasil hoje

Como aluno de uma faculdade jesuíta, motivo de muita honra e ao mesmo tempo de muita responsabilidade, quero registrar meu depoimento de admirador da missão apostólica exercida pelos filhos espirituais de Santo Inácio de Loyola.

Tudo que descrevemos da vida de José de Anchieta vem mostrar um pouco do que era e do que continua sendo para o Brasil a Companhia de Jesus.

Evangelizadores, desde o primeiro momento, os jesuítas foram e continuam sendo verdadeiros apóstolos do Brasil, por sua fidelidade ao Evangelho e pela promoção humana em todos os setores em que sua atuação se faz mister.

Inculturar-se para evangelizar com renovado ardor missionário ainda é uma das metas da Companhia de Jesus.

Enxergar, no rosto do irmão excluído, que Jesus Cristo vive e deve reinar ainda continua sendo a opção evangélica pelos pobres, que os confrades de Anchieta pregam em sua missão evangelizadora.

Passados mais de quatrocentos anos da morte do Apóstolo do Brasil, reverenciar sua memória e rememorar seus preceitos evangélicos, bem como acima de tudo tornar mais conhecido o modelo perfeito dos missionários brasileiros, é, sem pretensão, o desiderato desta singela obra.

Quiçá o reconhecimento que estamos empreendendo nesta empresa ao Apóstolo do Brasil revigore cada vez mais nosso compromisso de evangelizar.

A exemplo de José de Anchieta, deixemos primeiramente que o Mestre reine em nossas vidas, em nossos trabalhos e em nossa missão.

Como ontem, que hoje Anchieta seja nossa luz e nossa esperança na construção de um país altaneiro, onde a exclusão seja superada; que construamos uma sociedade mais justa e solidária.

19

Anchieta e a literatura de catequese

José de Anchieta, Fernão Cardim e Manuel da Nóbrega foram figuras importantes, que deixaram marcas, estilos próprios na arte manifestada durante o período quinhentista, como bem podemos atestar por meio do texto de Literatura de Catequese.

Os textos produzidos na época em questão eram chamados de Literatura de Informação, mas os de autoria da tríade acima, justamente pela intenção pedagógica a que se propunham, eram concebidos como sendo aqueles de literatura de formação. A intenção, sobretudo deste nobre representante de que falamos – **José de Anchieta** –, era a de converter os índios ao cristianismo. Dessa forma, imbuído desse propósito, escreveu poemas, hinos, canções e autos, sendo que esses últimos atestaram uma retomada das criações de Gil Vicente e de toda a manifestação cultural materializada na Idade Média. Assim, afirmamos que, entre todas elas, foi justamente no teatro (autos) que mais se destacou, mediante o objetivo a que se propunha (missão catequética): às vésperas de comemorações religiosas, escrevia peças e, de forma amena, levava ao público, fazendo com que aquele sentimento renovasse a fé e não se tornasse tão cansativo, como o que ocorria com os Sermões.

Por se tratar de um público heterogêneo, muitas vezes constituído por soldados, indígenas, colonos, marujos, comerciantes etc., José de Anchieta procurou escrever de forma multilíngue – fato que conferia às produções dele uma maior acessibilidade. No entanto, era, na figura do indígena, o foco principal, tendo em vista os hábitos dos primeiros habitantes, levando em consideração o gosto de que dispunham por festas, danças, músicas e representações. O artista fez de tais costumes seu verdadeiro trunfo. Assim, aliava esse pendor natural para os dogmas católicos e para a moral, fazendo uso de jogos dramáticos, cuja intenção era, ao mesmo tempo, instruir e conquistar os objetivos a que se propunha.

Ainda envolto nesse espírito medieval, Anchieta escreveu diversas poesias, tanto pessoais quanto catequéticas, cujos versos seguiram essa mesma linhagem. Muitas delas, sobretudo as últimas, foram escritas em latim, destacando *De beata virgine dei Matre Maria* (*Poema à virgem*, 1563) como uma das mais importantes.

Vejamos um exemplo das criações (ainda que expressas somente em fragmentos), que demarcou as habilidades artísticas desse representante da arte literária em solo brasileiro, intitulada:

Ao Santíssimo Sacramento

Oh que pão, oh que comida,
Oh que divino manjar
Se nos dá no santo altar
Cada dia.
Filho da Virgem Maria,
Que Deus Padre cá mandou
E por nós na cruz passou
Crua morte.
E para que nos conforte
Se deixou no Sacramento
Para dar-nos com aumento
Sua graça.

Inferências permitem que atestemos uma preocupação por parte do autor com a religiosidade propriamente dita, fazendo valer de forma significativa o sentimento, o espírito devoto de que dispunha, expressando-o em boa parte nas manifestações que criara.

Frases de Anchieta

"Ó rosa a trescalar santo odor que embriaga! Joia com que no céu o pobre um trono paga!"

"Rasga o sagrado peito a teu filho já morto, fincando-te a tremer no coração absorto."

"Vives ainda, ó mãe, para sofrer mais canseira: já te envolve no mar uma onda derradeira."

"Trocam-se assim pelo dia eterno efêmeros dias."

"A mulher desonesta e desavergonhada é um vaso de sua idade posto no caminho para ser sujado e enxovalhado por todos os que passam."

"Chaga santa, eis te abriu, mais que o ferro da lança, o amor de nosso amor, que amou sem temperança!"

"Suportamos tudo isso, por amor dos eleitos."

"O inimigo arrastou a essa cruz tão amarga quem dos seios, em ti, pendeu qual doce carga."

"Rompeu-te o coração seu terrível flagelo, e o espinho ensanguentou teu coração tão belo."

"Prova do estranho amor, que nos força à unidade! Porto a que se recolhe a barca em tempestade!"

"Os maus e pecadores andam sempre na roda como vasos de barro postos na mão do oleiro."

"Pois se teu coração o conserva, e jamais deixou de se hospedar dentro de teus umbrais, para ferido assim crua morte o tragar, com lança foi mister teu coração rasgar."

"Esconde, mãe, o rosto e o olhar no regaço: eis que a lança a vibrar voa no leve espaço."

"Não puderas, confesso, aguentar mal tamanho, se não te sustentasse amor assim estranho; se não te erguesse o filho em seu válido busto, deixando-te mais dor ao coração robusto."

"Podes, mãe, descansar; já tens quanto querias: Varam-te o coração todas as agonias."

"Faltava a tanta dor esta síntese finda, faltava a teu penar tal complemento ainda! Faltava a teu suplício esta última chaga! Tão grave dor e pena achou ainda vaga!"

"Sucumbiu teu Jesus transpassado de chagas, ele, o fulgor, a glória, a luz em que divagas."

"Todas as vezes que injurias e queres mal a teu próximo, injurias e queres mal a Deus, que é seu irmão."

"Quem se verga em tristeza, em consolo se alarga: por ti, depõe do peito a dura sobrecarga!"

"Ó ferida a ferir corações de imprevisto, abres estrada larga ao coração de Cristo!"

21

O Poço Bento em Magé-RJ

Às margens da Estrada da Piedade, o Poço Bento Padre José de Anchieta é uma homenagem ao Santo que teria benzido suas águas para salvar a população de Magé de uma epidemia causada pela água salobra, em meados do século XVI. A febre que assolava o povoado teria cessado depois que o mageense passou a tomar a água benta. Revestido de azulejos, com altar, cobertura de cimento e oito pilastras em alvenaria, o poço é procurado por devotos da região. A seu lado, há uma igreja que abriga painel da Via-Sacra, em óleo sobre madeira, pintado à mão.

22

Os jesuítas e a língua portuguesa no Brasil

Com a descoberta do Brasil, os colonizadores trouxeram seu idioma. Houve uma grande resistência dos nativos, que falavam o Tupi, entre outras línguas. Até os missionários tiveram de aprender o falar dos silvícolas, a fim de catequizá-los ou elaborar negociações. O jesuíta padre José de Anchieta chegou a compor uma gramática da língua tupi, impressa em Coimbra, em 1595 (Arte da gramática da língua mais usada na costa do Brasil). Mas o número de colonizadores foi aumentando e a língua portuguesa foi conseguindo dominar a chamada língua geral (Tupi e Português mesclados), até tornar-se língua padrão (mais tarde, a língua geral foi extinta por decreto do Marquês de Pombal). Depois, outros elementos contribuíram para seu enriquecimento, como os elementos africanos.

Falar das primeiras escolas no Brasil, como escreveu Serafim Leite, é "evocar a epopeia dos jesuítas do séc. XVI" (LEITE, 1937: 38). Enquanto se fundava a cidade de Salvador, quinze dias após a chegada dos jesuítas, funcionava uma escola de ler e escrever. Essa política eles manteriam sem alterações durante anos: sempre abrir uma escola onde quer que erigissem uma igreja.

Quinze dias depois da chegada do padre Manuel da Nóbrega ao Brasil, havia, na Bahia, a Escola de ABC, do Ir. Vicente Rodrigues que foi o mestre dessa primeira escola – historicamente o primeiro mestre-escola do Brasil, dedicando mais de 50 anos de serviços prestados. E, quando o padre Nóbrega aportou em São Vicente, mandou que se ensinasse a ler e escrever, antes de fundar São Paulo. No fim de 1549, em São Vicente, foi fundado por Leonardo Nunes, com o incentivo do padre Nóbrega, um seminário-escola (escola-média).

Ao falecer em 1570, após 21 anos de Brasil, o maioral dos padres da Companhia de Jesus, padre Manuel da Nóbrega, sua obra já estava bem avançada, abrangendo cinco escolas de instrução elementar, estabelecidas em Porto Seguro, em Ilhéus, no Espírito Santo, em São Vicente e em São Paulo de Piratininga, e três colégios, no Rio de Janeiro, em Pernambuco e na Bahia, que, além de uma "classe preliminar, apresentava outra de Latim e Humanidades", conforme nos explica Fernando de Azevedo (AZEVEDO, 1963: 504). Após cinco anos da morte do ilustre jesuíta, houve colação de graus de Bacharel em Artes, no colégio da Bahia, e no ano seguinte, 1576, conferiam-se os de licenciado.

Nessas escolas elementares – como no colégio de Piratininga, que "não passava, em 1554, de uma barraquinha de caniço e barro, coberta de palha, longa 14 pés, larga 10", de acordo com Fernando de Azevedo (AZEVEDO, 1963: 506) –, informava em carta a Ignácio de Loyola o padre Anchieta que comprimiam-se, às vezes, mais de vinte companheiros do apostolado. Mas já em 1555, um ano após a fundação do colégio na aldeia de Piratininga, orgulhava-se o padre Anchieta de terem ali os jesuítas "uma grande escola de meninos índios, bem instruídos na leitura, escrita e bons costumes". Realmente, o padre Anchieta se tornou mestre na língua dos índios, para melhor os instruir.

Nessas escolas elementares, germinava a base de todo o sistema colonial de ensino ainda em formação. Funcionavam não só nos colégios, mas em todas as terras onde existisse uma casa da Companhia. Lá aprendiam a ler, escrever, contar e falar Português não só os filhos dos índios. Recebiam a primeira instrução, também, os filhos dos colonos. Segundo o Padre Anchieta, aprendiam não só a ler, escrever, contar e falar em Português. Eles também aprendiam dançar à portuguesa, cantar e ter seu coro de canto e flauta para suas festas.

Os jesuítas tiveram relevante papel na difusão da língua portuguesa, não só no tocante ao desbravamento, mas principalmente na unificação do país pela língua, rompendo mais tarde os laços com o Tupi e o africanismo, nas ideias de disciplina e nos ideais educacionais da Companhia. Era um difusor de ideias e cultura europeia, mas, crescendo como instrumento político, a Companhia se tornou um grande latifundiário. O ensino retrógrado, por parte dos jesuítas, em relação aos mais recentes acontecimentos na Europa, foi fator decisivo, entre outros, para que se levantasse a bandeira contra a Companhia, em uma grande campanha, encabeçada pelo Marquês de Pombal, culminando no alvará que a extinguiu e expulsou do Brasil. Os jesuítas, apesar de seu papel pioneiro, esgotaram-se em seu tradicionalismo rígido e fanatismo religioso. Após um período de aulas esparsas, uma nova metodologia surgiu, trazida de Portugal pelo Bispo Azeredo Coutinho, por intermédio do Seminário de Olinda, fundado em 1800. A Gramática, já sob nova orientação, fazia parte desse novo currículo, reformulado sob a luz das mudanças que ocorriam na Europa.

23

Os jesuítas e a educação

A preocupação básica nos séculos XVI e XVII, além de formar uma elite culta e religiosa, era difundir a Língua Portuguesa. Os padres utilizavam a influência dos meninos brancos, órfãos ou filhos de colonos sobre os meninos índios, postos em contato nos mesmos colégios. Também a ação dos colomins que, ensinados pelos padres, percorriam as aldeias e ensinavam os pais na própria língua.

Com essas escolas, fixas ou ambulantes, nas aldeias e sertões, começou no Brasil uma unificação, uma educação literária popular, sob o cunho religioso, poderoso instrumento de penetração, e sob as aulas de gramáticos mantidas em todos os colégios. Todos aprendiam o Português. E essas crianças, órfãs trazidas de Lisboa, também contribuíram para a difusão da Língua e estímulo dos pequeninos índios para a instrução. Os padres, desde o século XVI, aprenderam a língua dos índios, não só para instruir, mas também para conquistar, por intermédio dela, com mais facilidade, os selvagens a sua fé e a suas ideias religiosas e sociais. Elementos da cultura europeia foram penetrando a cultura indígena.

No século XVII os jesuítas possuíam, além das escolas para meninos e outros estabelecimentos de ensino menores, onze colégios: Todos os Santos, na Bahia, fundado em 1556; São Sebastião, transferido para São Vicente em 1567 e instalado com esse mesmo nome no Morro do Castelo, no Rio de Janeiro; o de Olinda, que se elevou de escola-residência a colégio, em 1568; Santo lnácio, em São Paulo (1631); São Miguel, Santos (1652); São Tiago, Espírito Santo (1654); Nossa Senhora da Luz, São Luís do Maranhão (1652); Santo Alexandre, Pará (1652), elevado à categoria de colégio perfeito, em 1670; Nossa Senhora do Ó, Recife (1678); Paraíba (1683); Seminário de Belém, Cachoeira (1687).

O primeiro século foi de adaptação e construção, e o segundo, de desenvolvimento e extensão do sistema educacional, o qual foi alargando, progressivamente, com unidades escolares novas, sua esfera de ação. Portanto, o século XVI foi o da catequese, obra de conversão do "gentio", a instrução e organização do sistema de ensino jesuítico; o século XVII, de expansão horizontal desse sistema, quase todo montado no primeiro século; o século XVIII, de organização de seminários, em que apenas um se estabelecera anteriormente, o de Belém, da Cachoeira (Bahia), fundado em 1687, a instâncias ou por iniciativa de Alexandre de Gusmão.

Enquanto, na primeira metade do século XVIII, a obra educadora dos jesuítas atingia no Brasil seu auge de expansão, na Europa já havia um movimento contra a Companhia – o que culminaria em sua extinção –, atacada por todos os lados: pelas universidades, parlamentos, autoridades civis e religiosas. Alegava-se que a Companhia de Jesus, perdido o antigo espírito de seu fundador, entrara em decadência e que, dominada pela ambição do poder e de riqueza, procurava manejar os governos como instrumento político, a suas conveniências, indo contra os interesses nacionais.

O ensino jesuítico, na opinião de seus adversários, envelhecera, "petrificara" em várias gerações e já se mostrava incapaz de adaptar seus métodos às novas necessidades. Em Portugal, dois fortes elementos de propaganda contra os jesuítas foram apontados: o monopólio do ensino que eles exerciam desde 1555, quando D. João III lhes confiou a direção do Colégio das Artes, e a miséria econômica e intelectual do Reino, pelas quais eles eram apontados como responsáveis. As novas concepções filosóficas e científicas se difundiam por quase toda a Europa, atraindo os portugueses mais esclarecidos. Devido ao atraso intelectual e empobrecimento econômico, produzido talvez por uma série de causas, entre elas, o fanatismo religioso, as perseguições do Santo Ofício levaram o Marquês de Pombal, em 1759, a expulsar os jesuítas do Reino e de seus domínios, inaugurando com sua política radical uma série de medidas, adotadas pela França, 1763; Nápoles e Sicília, 1767; e outros governos, o que culminou na total supressão da Companhia de Jesus pelo Papa Clemente XIV.

Assim acabou, no período colonial, com a expulsão da Companhia, a obra dos missionários que, em mais de dois séculos, educaram os jovens brasileiros e auxiliaram os portugueses a colonizar o Brasil, amaciando os rudes e ásperos costumes, em uma época de violências, por espalhar a fé, com o tempero da caridade, e ajudando a implantar a ordem e a disciplina. Com o decreto do Marquês de Pombal, houve a expulsão dos jesuítas da Colônia, por alvará datado de 28 de junho de 1759. Foram confiscados os bens, fecharam seus colégios, ficaram livres só os edifícios. Em suma, houve um desaparelhamento do sistema de ensino em todo o território brasileiro.

No Brasil, os jesuítas possuíam, nessa época, 25 residências, 36 missões, 17 colégios e seminários, sem contar os seminários menores e as escolas de ler e escrever, instaladas em quase todas as aldeias e povoações onde existiam casas da Companhia. Apenas a escola de Arte e Edificações Militares, criada na Bahia, em 1699, talvez a primeira instituição leiga de ensino no Brasil, uma aula de artilharia criada em 1738, no Rio de Janeiro, além dos Seminários de São José e de São Pedro, estabelecidos em 1739, na mesma cidade, estavam fora do domínio dos jesuítas. A não ser os estudos elementares de arte militar, dois ou três seminários e outros, de Filosofia, em conventos carmelitas e franciscanos, o ensino no Brasil até

1759 se concentrava quase em sua totalidade nas mãos dos padres da Companhia, sendo seu sistema de organização escolar o único do país. Em 1759, com a expulsão dos Jesuítas, o Brasil não sofreu uma reforma do ensino. Aconteceu a destruição pura e simples de todo o sistema colonial de ensino jesuítico. Uma organização escolar se extinguiu sem que se tomassem medidas imediatas para atenuar os efeitos ou reduzir sua extensão. Em 1727, por provisão datada deste ano, o governo da Metrópole, "alarmado" com o abandono do Português pelos próprios portugueses, proscrevera expressamente o Tupi, proibindo o uso da língua brasileira.

Só em 1772, treze anos após a expulsão da Companhia e desse alvará que se pretendeu reorganizar os estudos da humanidade, uma ordem régia mandou estabelecer essas aulas, de primeiras letras, de Gramática, Latim, Grego, no Rio de Janeiro e nas principais cidades das capitanias. A criação do "subsídio literário" (10/11/1772), imposto criado para a manutenção do ensino primário médio, cobrado no ano seguinte, não chegou a cobrir, em Portugal e na Colônia, os custos totais. Mais tarde, inauguraram-se aulas régias de Latim em Minas, Filosofia no Rio etc. Mas a fiscalização dessas aulas, embora determinadas pelo alvará de 1759, só foi efetivada em 1799, quando o governo português atribuiu ao Vice-Rei a inspeção-geral da Colônia.

A reforma pombalina, planejada para o Reino, atingiu na Colônia o ensino básico geral, com suas aulas de disciplinas isoladas (aulas régias), sem qualquer plano de estudo, atingindo também a evolução pedagógica natural, acabando com o desenvolvimento do ensino em planos superiores. Até os programas e a escolha de livros vinham de cima, do Reino, o "poder supremo". Salvo raras iniciativas e sem maiores influências, todo o período de quase meio século, desde a expulsão dos jesuítas (1759) à transferência da corte portuguesa para o Brasil (fugindo da invasão das tropas napoleônicas), é de decadência e de transição. A herança dos jesuítas por meio dos padres-mestres ainda resultava em uma educação exclusivamente literária, baseada nos estudos de Gramática, Retórica e Latim. Entre a expulsão dos jesuítas em 1759 e a transplantação da corte portuguesa para o Brasil em 1808, houve um grande hiato, de quase meio século, caracterizado pela desorganização e decadência do ensino colonial. Só havia aulas isoladas de matérias fragmentárias e dispersas em raros colégios religiosos.

O sistema de ensino jesuítico parecia satisfazer às emergências básicas da sociedade daquele tempo, estruturada na agricultura e escravidão, em que o estudo, quando não era um luxo do espírito, para o grupo feudal e aristocrático, era apenas um meio de "classificação social" para os mestiços e para a burguesia mercantil das cidades. O ensino, tradicional, transferiu-se das mãos dos jesuítas para os padres seculares, frades, franciscanos e carmelitas (a porção mais letrada da sociedade colonial). Dentre as transformações na Colônia, em alvará datado de 06/07/1747, funda-se a Imprensa Régia, em que se imprimem as primeiras obras editadas no Brasil, iniciando, com a publicação da **Gazeta do Rio de Janeiro**, em 1808, o jornalismo brasileiro.

As teorias dos enciclopedistas, o recente exemplo da independência dos Estados Unidos da América (1776), exerceram influência marcante na conjuração mineira de 1789. Todas essas ideias, mais a reforma pombalina, fizeram o Bispo Azevedo Coutinho criar, em 1798, o Seminário de Olinda, fundado em 1800. Foi esse seminário o primeiro e tardio reflexo, na Colônia, da grande renovação educacional que se processou no reino por iniciativa do Ministro D. José, com a colaboração principal de parentes do Bispo Azeredo Coutinho. Reformuladas, tendências pedagógicas e novas matérias conviviam ao lado de matérias do currículo tradicional, entre elas a Gramática, o Latim, a Retórica, a Poética, a Filosofia, mas já segundo novos pontos de vista.

24

Anchieta e a levitação

Por meio do testemunho de várias pessoas contemporâneas de Anchieta, sabe-se que a levitação do Santo era um fato corriqueiro, quase não despertando sustos na população. Era comum ele celebrar as Missas levitando.

Levitar, entretanto, não era algo comum entre os índios. Aliás, foi essa proeza que uma vez o salvou dos perigosos tamoios, quando foi feito refém em Iperoig (onde hoje é Ubatuba), enquanto o padre Nóbrega tentava um pacto com os tupis. O chefe dos tamoios, Pindobaçu, vendo-o elevar-se do chão, atemorizou-se e, na dúvida sobre que espíritos, bons ou maus, estariam dando-lhes forças para tal, preferiu não arriscar, poupando-lhe a vida.

25

Anchieta e a cidade de São Paulo

Um dos maiores marcos da presença do santo está na capital paulista: o Pátio do Colégio, no Centro da cidade. Em 1554, o então jovem padre recebeu de seu superior a missão de subir a Serra do Mar para fundar um colégio no Planalto de Piratininga. "A atuação do mestre Anchieta foi tal que famílias indígenas e portuguesas deixavam suas terras e se mudavam para o entorno do colégio. Aos poucos o casario foi se transformando em aldeamento, este em vila e esta, em cidade", disse o padre. "Essa megalópole deve sua origem à ação educadora do apóstolo [Anchieta]" (Padre Cesar Augusto dos Santos, vice-postulador da canonização de Anchieta).

Atualmente, o Pátio abriga uma igreja e um museu em homenagem ao novo santo. O templo (que, por sinal, será renomeado de Igreja Beato José de Anchieta para Igreja São José de Anchieta) tem um oratório com relíquias de Anchieta: o manto restaurado que ele utilizou em suas caminhadas pelo Brasil e um pedaço de seu fêmur. Também foi obra sua a Igreja de São Miguel, na Zona Leste da capital. Ainda em pé, o edifício deu origem ao bairro de São Miguel Paulista.

São Paulo foi apenas um dos pontos do Brasil por onde o santo passou. Dotado de uma energia quase sobre-humana, ele costumava fazer longas viagens a pé, pelo litoral. Nessas andanças, ele deixou sua marca em cidades do litoral paulista, como Ubatuba. Fluente na língua tupi, tentou, em 1563, firmar a paz com índios tamoios, mas acabou ficando refém por cerca de cinco meses. Nas areias da praia de Iperoig (hoje, praia do Cruzeiro), ele escreveu um poema dedicado a Maria (tal episódio foi eternizado por Benedito Calixto no quadro "Poema à Virgem Maria").

26

A pescaria dos milagres

Transcorria o mês de maio de 1584, quando, vindo do Espírito Santo, o padre Cristóvão de Gouveia acompanhando o beato Anchieta apareceram em Maricá. Eles tinham percorrido as residências da missão no Espírito Santo e decidiram lá pernoitar. Chegaram ao escurecer e passaram a noite na maloca de uns índios aculturados. Ao amanhecer, e bem cedo, acompanharam os índios pescadores até a lagoa. Como sempre faziam, eles pescavam com lanços (redes curtas), e nada retiraram da lagoa até o início da tarde. Embarcado, Anchieta penalizado decidiu ajudar e foi indicando com a mão os locais e antecipando o tipo de peixe que iriam encontrar. Nunca pescaram tanto e tiveram dificuldade para arrastar o barco até a areia. Descarregado o pescado a muito custo, tentaram remover o barco para a água e lá deixar amarrado a uma corda atada a uma pedra. A força de cinco índios robustos não foi suficiente para remover barco cada vez mais enterrado na areia.

Desistiram. Anchieta, porém, aproximou-se, esticou o braço e gesticulou com a mão em direção ao barco, sinalizando: vai! O barco obedeceu e deslizou mansamente para o mar lá permanecendo durante a noite no mesmo lugar. Foi a pescaria dos milagres. Relembrando o acontecimento, hoje existe uma estátua de Anchieta em Maricá com a rede de pesca nas mãos.

27

Em defesa da vida

Anchieta teve um papel fundamental na pacificação dos tamoios, dos quais ficou prisioneiro voluntário por uma longa temporada, durante a qual escreveu o famoso poema a Nossa Senhora, redigido primeiramente nas areias de Itanhaém, em São Paulo. Incentivava os portugueses a tratarem os índios não como conquistados e escravos, mas a integrá-los, incentivando até os casamentos entre os dois povos. Sua área de trabalho se estendia de Pernambuco até São Paulo. Seus últimos anos transcorreram em Vila Velha, ES, onde faleceu em 1597, com 63 anos.

28

Homem que anunciou o mandamento do amor

De tantas histórias colhidas da vida do bem-aventurado José de Anchieta, sobressai sempre sua preocupação pelas almas: ordenado sacerdote em 1565, o padre configurou-se de tal modo a Cristo que copiou, com fidelidade, seu grande amor pelos homens; o sacrifício contínuo e perseverante por sua salvação.

Consciente de que os índios eram pessoas humanas, não peças de museu, Anchieta trabalhava, verdadeiramente, para transformar a cultura indígena. Ele sabia que era preciso evangelizar, "não de maneira decorativa, como que aplicando um verniz superficial, mas de maneira vital, em profundidade e isto até suas raízes, a civilização e as culturas do homem.

Se hoje o Brasil pode cantar com alegria ter nascido sob as bênçãos de Deus e sob o sinal da Cruz, é porque homens infatigáveis como José de Anchieta se esqueceram totalmente de si mesmos para servirem a Cristo nos povos nativos da América. Suas vidas lembram a nós, homens do século XXI, a essência missionária de todo cristão. Ao lado do chamado a seguir Jesus, está sempre o apelo do anúncio. Por isso o Papa Francisco diz que "cada cristão é missionário na medida em que se encontrou com o amor de Deus em Cristo Jesus".

29

Canonização de Anchieta

São José de Anchieta é conhecido como apóstolo do Brasil e faz parte da história pelo trabalho de catequese realizado junto aos índios por quase todo o país. Além do trabalho de catequese, o padre Anchieta defendia os índios dos abusos dos portugueses colonizadores.

O fato é que o padre tem devotos por todo o Brasil e no exterior. Todo o seu trabalho feito na Companhia de Jesus foi reconhecido e exaltado por milhares de fiéis. A importância da vida e missão assumida por São José de Anchieta está em todos os livros de história do Brasil. É possível reconhecer que ele, ao contrário de muitos missionários, optou por uma catequese acessível e aculturada, utilizando recursos próprios da época, como a poesia e o teatro.

Esse talvez tenha sido um dos processos da canonização mais longos da história, 417 anos. As dificuldades começaram durante a perseguição e expulsão dos jesuítas, que aconteceu em 1759, e com a falta de atestado da realização de dois milagres: um para a beatificação e outro para a canonização. No entanto, e apesar de não possuir nenhum atestado, o Papa Francisco aceitou a fama de milagreiro e a vida exemplar do Padre.

Essa não foi a primeira vez que o papa Francisco oficializou uma canonização sem milagres. Recentemente, o padre Pierre Frave foi declarado santo sem os atestados, e, além dele, espera-se que o papa São João XXIII também seja santificado apenas com a comprovação do milagre de beatificação.

A canonização de São José de Anchieta aconteceu no dia 3 de abril de 2014, sendo que, no dia 24 de abril de 2014, em Roma, o Papa Francisco celebrou a Missa de ação de graças pela elevação do Apóstolo do Brasil aos altares. Naquela ocasião, o Papa Francisco assim se dirigiu em sua homilia profunda:

> Queridos irmãos e irmãs, nesta quinta-feira da Oitava da Páscoa, em que a luz do Cristo Ressuscitado nos ilumina com tanta clareza, demos graças a Deus também por São José de Anchieta, o apóstolo do Brasil,

recentemente canonizado. É uma ocasião de grande alegria espiritual.

No Evangelho que acabamos de ouvir, os discípulos não conseguem acreditar tamanha a alegria. Olhemos a cena: Jesus ressuscitou, os discípulos de Emaús contaram sua experiência, e depois o próprio Senhor aparece no Cenáculo e lhe diz: 'A paz esteja convosco'. Vários sentimentos irrompem no coração dos discípulos: medo, surpresa, dúvida e, finalmente, alegria. Uma alegria tão grande que 'que não conseguiam acreditar' – diz o Evangelista. Estavam atônitos, pasmos, e Jesus, quase esboçando um sorriso, pede-lhes algo para comer e começa a explicar-lhes, aos poucos, a Escritura, abrindo o entendimento deles para que possam compreendê-la. É o momento do estupor, do encontro com Jesus Cristo, em que tanta alegria não parece ser verdade; mais ainda, assumir o regozijo e a alegria naquele momento nos parece arriscado e sentimos a tentação de refugiar-nos no ceticismo, no 'não exagerar'. É um relativizar tanto a fé que acaba por distanciar-nos do encontro, da carícia de Deus. É como se 'destilássemos' a realidade do encontro no alambique do medo, da segurança excessiva, do querer nós mesmos controlar o encontro.

Os discípulos tinham medo da alegria...
e também nós. A leitura dos Atos dos
Apóstolos fala-nos de um paralítico.
Ouvimos somente a segunda parte da história, mas todos conhecemos a transformação deste homem, entrevado desde o nascimento, prostrado na porta do Templo a pedir esmola, sem jamais atravessar a soleira, e como seus olhos se fixaram nos apóstolos, esperando que lhe dessem algo. Pedro e João não podiam dar-lhe nada daquilo que ele buscava: nem ouro, nem prata. E ele, que sempre permaneceu na porta, agora entra com seus pés, pulando e louvando a Deus, celebrando suas maravilhas. E sua alegria é contagiosa.

Isso é o que nos diz hoje a Escritura: as pessoas estavam cheias de estupor e maravilhadas acorriam; em meio àquela confusão, àquela admiração, Pedro anunciava a mensagem, porque a alegria do encontro com Jesus Cristo, aquela que nos dá tanto medo de assumir, é contagiosa, e gritava o anúncio; 'a Igreja não cresce por proselitismo, mas por atração'; a atração testemunhal que nasce da alegria aceita e depois transformada em anúncio. É uma alegria fundada. É uma alegria apostólica, que se irradia, que se expande. Pergunto-me: Sou capaz, como Pedro, de sentar-me ao lado do irmão e explicar lentamente o dom da Palavra que recebi? Sou capaz de convocar a meu redor o entusiasmo daqueles que descobrem em nós o milagre de uma vida nova, nascida do encontro com Cristo?

Também São José de Anchieta soube comunicar aquilo que tinha experimentado com o Senhor, aquilo que tinha visto e ouvido d'Ele; e essa foi e é sua santidade. Não teve medo da alegria. São José de Anchieta tem um hino belíssimo dedicado à Virgem Maria, a quem, inspirando-se no cântico de Isaías 52, compara com o mensageiro que proclama a paz, que anuncia a alegria da Boa-Notícia. Que Ela, que naquele alvorecer do domingo insone pela esperança, não teve medo da alegria, acompanhe-nos em nosso peregrinar, convidando todos a se levantarem, para entrar juntos na paz e na alegria que Jesus, o Senhor Ressuscitado, promete-nos.

O Presidente da CNBB, Cardeal Raymundo Damasceno Assis, agradecendo em nome do episcopado brasileiro a canonização de São José de Anchieta, dirigiu-se ao Papa Francisco:

Santidade, a Igreja no Brasil e o povo brasileiro agradecem a Deus lhes permitir realizar um sonho que durou mais de 400 anos: ver o Apóstolo do Brasil apresentado à Igreja Universal como testemunha de Jesus Cristo.

Estou certo, Santo Padre, de trazer a sua presença centenas de jesuítas que, ao longo de muitos anos, trabalharam para este momento. Não só dou voz aos filhos de Santo Inácio, mas também a milhares de fiéis leigos envolvidos pela santidade e carisma do Padre Anchieta. Eles deram o melhor de si para que esta celebração acontecesse. Assim, em nome de todos eles, vivos ou já na visão beatífica, quero, do fundo do coração, dizer-lhe: muito obrigado, Santidade! José de Anchieta chegou jovem ao Brasil, com 19 anos de idade, pouco depois de ter emitido os votos religiosos de pobreza, castidade e obediência. Com um coração juvenil, amou, desde o primeiro contato, o povo brasileiro. A ele dedicou sua grande inteligência, cultura e erudição, a capacidade de amar e de sofrer por amor. A ele consagrou suas qualidades humanas, a capacidade de lutar, de ser aguerrido e sua espiritualidade. Como um São Francisco do Novo Mundo, revelando notável capacidade de observação da natureza, escreveu a chamada Carta de São Vicente. Nela, com grande erudição e de modo muito completo e preciso, fez a primeira descrição detalhada da Mata Atlântica, importante bioma brasileiro. Anchieta, também como o santo de Assis, viveu a pobreza e a simplicidade. Em carta, descreveu como as vivia com os indígenas, chegando ao ponto de relatar que, como toalha de mesa, usavam folha de bananeira, para, em seguida, completar que dela não tinham necessidade, pois qual a razão da toalha se lhes faltava a comida? Como o pobrezinho de Assis, no espírito da perfeita alegria, asseverou que estavam tão felizes naquela situação – ele e os demais jesuítas –, que, ao pensarem no tipo de vida levada nos colégios da Europa, nenhum tipo de saudade lhes vinha ao coração.

Santo Padre, contemplando no Padre Anchieta a simplicidade de vida, o serviço prestado aos marginalizados, seu modo de vida, encontramos o Senhor da Vida. Nosso Apóstolo se fez santo servindo aos indígenas, aos negros e a todos os pequenos do Brasil. Queremos seguir seus passos. Ele foi nosso grande e incansável evangelizador. Seu exemplo motiva-nos a irmos destemidamente ao encontro de Jesus Cristo e dos irmãos. O Padre Anchieta deixou-nos também o exemplo do grande amor que dedicava a Nossa Senhora, a quem sempre pedia socorro.

Ela foi sua força e seu apoio nos momentos cruciais de sua vida: no ambiente conturbado de Coimbra, quando percebeu que sua vida cristã poderia arruinar-se, ou na Aldeia de Iperoig, na costa brasileira, onde, sem nenhum apoio visível – a não ser a oração –, por vários meses permaneceu refém dos índios tamoios. Nesse trágico momento, mais uma vez recorreu a Maria e, certo de sua ajuda, começou a escrever o Poema da Bem-Aventurada Virgem Maria, Mãe de Deus, expressão de sua extraordinária devoção e amor à Santíssima Virgem. Santo Padre, muito obrigado por nos permitir partilhar com os cristãos do mundo todo o belo testemunho que foi a vida de São José de Anchieta, o Apóstolo do Brasil.

Os restos mortais de São José de Anchieta estão distribuídos pelas cidades onde ele teve mais atuação: Vitória, Bahia e São Paulo, além de Portugal e Roma. Seu dia se celebra em 9 de junho.

30

Santuário Nacional de Padre Anchieta

Localizado em uma encosta do morro do Rio Benevente, na antiga aldeia de Reritiba, núcleo histórico da atual cidade de Anchieta, litoral sul do Espírito Santo, a 80 km da capital, Vitória.

Enquanto obra arquitetônica, o Santuário Nacional de Anchieta é uma construção jesuítica do Brasil Colônia. Foi erguido em meados do século 16 e início do século 17.

Constitui-se das seguintes partes: a igreja mais a residência em forma de quadra e uma praça fronteiriça ao conjunto arquitetônico, atualmente conhecida como Praça da Matriz. Tem sua fachada principal voltada para o mar. A residência, edificada ao lado da igreja, localiza-se ao sul da quadra. Neste conjunto, hoje, funcionam o Museu Padre Anchieta, pertencente à Sociedade Nacional de Instrução – instituição educacional filantrópica dirigida pelos jesuítas –, e a Sede da Paróquia de Nossa Senhora da Assunção, confiada aos jesuítas pela Mitra Arquidiocesana de Vitória.

Ele era chamado de "paizinho" pelos indígenas; agora é chamado de "Pai da Pátria" por nossa Conferência Nacional dos Bispos do Brasil, CNBB. Reconhecidamente, Anchieta é um dos pilares da civilização brasileira.

Bibliografia

ANCHIETA, José de, SJ. *O poema da Virgem (De Beata Virgine Matre Dei Maria)* – Tradução portuguesa em ritmos de Arnaldo Cardoso.

_____, José de, SJ. *Cartas, correspondência ativa e passiva*. Pesquisa, Introdução e Notas de Pe. Hélio Abranches Viotti, SJ. 1 ed. São Paulo: Loyola, 1984.

_____, José de, SJ. *Poemata varia*. São Paulo: Loyola, 1975.

_____, José de, SJ. *Primeiros aldeamentos na Baía*. Rio de Janeiro: Imprensa Nacional, 1946.

_____, José de, SJ. *Teatro de Anchieta*. São Paulo: Loyola, 1977.

_____, José de, SJ. *Centenário do Padre Joseph de Anchieta*. Aillaud & Cia., 1900.

_____, José de, SJ. *Doutrina Cristã*. Tomo 1: Catecismo Brasílico. São Paulo: Loyola, 1992.

_____, José de, SJ. *Textos históricos*. São Paulo: Loyola, 1989.

_____, José de, SJ. *Doutrina Cristã*. Tomo 2: Doutrina Autógrafa e Confessionário. São Paulo: Loyola, 1993.

ANCHIETA, José de, SJ. *Artes de gramática da língua mais usada na costa do Brasil.* São Paulo: Loyola, 1990.

_____, José de, SJ. *Diálogo da Fé* – texto tupi e guarani. São Paulo: Loyola, 1988.

_____, José de, SJ. *Cartas, Informações, Fragmentos Históricos e Sermões.* Rio de Janeiro: Civilização Brasileira, S.A., 1933.

_____, José de, SJ. *Poema da bem-aventurada Virgem Maria, Mãe de Deus.* Tomo 2. São Paulo: Loyola, 1980.

_____, José de, SJ. *Sermões.* São Paulo: Loyola, 1987.

CARDOSO, Padre Armando, SJ. *O bem-aventurado Anchieta.* São Paulo: Loyola, 1991.

CAXA, Quirício; RODRIGUES, Pero. *Primeiras biografias de José de Anchieta.* São Paulo: Loyola, 1988.

Comissão Nacional para as Comemorações do "Dia de Anchieta" – Anchietana. São Paulo: Gráfica Municipal, 1965.

VIOTTI, Hélio Abranches, SJ. *Anchieta, o apóstolo do Brasil.* 2 ed. São Paulo: Loyola, 1980.

Sobre o Autor

Wagner Augusto Portugal nasceu em 20/4/1974, foi criado em Boa Esperança, recanto de Minas Gerais, que considera sua terra natal, tendo recebido o título de cidadão honorário dessa cidade. Bacharelou-se em Direito em 1996 pela Faculdade de Direito de Varginha, MG. Aprovado pela Ordem dos Advogados do Brasil, seção de Minas Gerais. Em 1996, estudou Filosofia na Faculdade de Filosofia da Companhia de Jesus, em Belo Horizonte, MG. Em 1999, bacharelou-se em Teologia pela Faculdade de Teologia do Centro de Estudos Superiores da Companhia de Jesus, em Belo Horizonte, MG. Fez mestrado em Direito Canônico pela Pontifícia Faculdade de Teologia Nossa Senhora da Assunção, em São Paulo, SP. É membro do Instituto Histórico e Geográfico de Minas Gerais, com sede em Belo Horizonte, MG; da Academia Marial de Aparecida, em Aparecida, SP; e da Academia Dorense de Letras, com sede em Boa Esperança, MG. Escreve para o jornal "O Lutador" e para a revista "Atualização". Publicou em 1998 o livro de crônicas e discursos seletos "Na Igreja e no Mundo".

Índice

Apresentação 9

1. Anchieta –
   sua história e sua personalidade 11
2. O missionário 15
3. Anchieta e São Paulo 17
   1. Primórdios 18
   2. Vínculo de unidade 19
4. Devoção mariana 22
5. Anchieta e o Rio de Janeiro 24
6. O sacerdócio 25
   1. Estudos 25
   2. Ordenação presbiteral 26
   3. O padre da Eucaristia 27
7. Padre provincial do Brasil 28
   1. Dificuldades 31
   2. Viagens 31
   3. Empreendimentos 32
   4. O visitador padre Cristóvão
      de Gouveia 33
   5. Doença 33
   6. Estudos 34
   7. Fundador de hospitais 34
   8. Solicitude pastoral 35

  9. Atividades literárias............................36
  10. Sucessor..37
  11. Análise..37
8. O pregador 38
  1. Doutrina de Anchieta........................40
9. Teatro de Anchieta................................42
  1. Primeiro auto 43
  2. Espírito Santo 46
  3. Mostra teatral 49
  4. Origem do teatro anchietano............50
  5. Finalidade 50
10. Cartas jesuíticas...................................52
  1. Textos biográficos 53
  2. Valor de seus escritos 56
  3. Destinatários das cartas 57
  4. A Santo Inácio 59
11. Doutrina cristã.....................................60
  I parte..60
  II parte..64
12. Textos históricos 69
13. E Deus o chamou para a glória...........73
14. Anchieta,
  sempre o protetor do Brasil..............78
  1. Apóstolo da juventude 78
  2. O valor do leigo na Igreja 79
  3. O Brasil é um grande
   campo de missão 80

4. Patriarca da pobreza 81
5. Espiritualidade 83
15. Uma vida a serviço de Deus 84
16. Sacerdote de todos os tempos 89
17. O lirismo cristão de Anchieta e
    o conhecimento de Deus 94
18. A Companhia de Jesus
    no Brasil hoje 101
19. Anchieta e a literatura
    de catequese 103
20. Frases de Anchieta 107
21. O Poço Bento em Magé-RJ 110
22. Os jesuítas e a língua portuguesa
    no Brasil 111
23. Os jesuítas e a educação 116
24. Anchieta e a levitação 125
25. Anchieta e a cidade de São Paulo ... 126
26. A pescaria dos milagres 128
27. Em defesa da vida 130
28. Homem que anunciou
    o mandamento do amor 131
29. Canonização de Anchieta 133
30. Santuário nacional
    de Padre Anchieta 141

Bibliografia 143
Sobre o autor 145

A marca FSC® é a garantia de que a madeira utilizada na fabricação do papel deste livro provém de florestas que foram gerenciadas de maneira ambientalmente correta, socialmente justa e economicamente viável.

Este livro foi composto com as famílias tipográficas Alegreya e Minion Pro e impresso em papel Offset 75g/m² pela **Gráfica Santuário.**